Praxis
Impulse

Elke Klußmann

Jeder gewinnt – (k)ein Kinderspiel

Gewaltprävention an Grundschulen

westermann®

© 2008 Bildungshaus Schulbuchverlage
Westermann Schroedel Diesterweg Schöningh Winklers GmbH, Braunschweig
www.westermann.de

Druck A^1 / Jahr 2008

Lektorat: Hedy G. Barth-Rößler
Umschlaggestaltung: Corinna Pelch
Herstellung und Satz: PER Medien+Marketing GmbH, Braunschweig
Illustrationen: Corinna Pelch
Druck und Bindung: westermann druck GmbH, Braunschweig

ISBN 978-3-14-**163039**-8

Inhaltsverzeichnis

Vorwort 5

1. Einleitung 7

2. Konzept und Idee 9

3. Ziele des Projekts 11
   3.1. Stellung des Projekts in Unterricht und Lehrplan 13
   3.2. Unterrichtsschwerpunkte 16
   3.3. Bausteine und Grobziele der Unterrichtseinheiten 17
   3.4. Themen und Ziele des Unterrichts 18

4. Konflikte 20

5. Ankern 23

6. Aktives Zuhören 25

7. Gewaltfreie Kommunikation 28

8. Durchführungsplan 1: Erkennen eigener Gefühle und Ankern positiver Gefühle 30
   8.1 Alternativer Durchführungsplan 1 33
   KV 1: Einstiegsfoto 37
   KV 2a–b: Körperorientierte Gefühls-Redewendungen 38

9. Durchführungsplan 2: Wahrnehmen fremder Gefühle in gegenseitiger Toleranz 40
   9.1 Alternativer Teil-Durchführungsplan 2 42
   KV 3a–b: Stimmungsgesichter 43
   KV 4: Stimmungswortkärtchen 45
   KV 5a: Stimmungsgesichter (Arbeitsblatt) 46
   KV 5b: Stimmungsgesichter (Lösung) 47
   KV 6a–b: Spiel: Stirnband-Steckkärtchen 48
   KV 7: Kippbilder 50
   KV 8: Stimmungsleiste 51

10. Durchführungsplan 3: Gestik, Mimik und Körperhaltung . . . 52
   KV 9a–b: Körperliche Erscheinungsmerkmale schwach 55
   KV 9c–d: Körperliche Erscheinungsmerkmale stark 57
   KV 10a–b: Körperliche Erscheinungsmerkmale (Arbeitsblatt) . . . 59
   KV 10c: Körperliche Erscheinungsmerkmale (Lösung) 61

11. Durchführungsplan 4: Anderen Grenzen setzen durch kongruentes Verhalten 62
   KV 11: Satzstreifen mit Instruktionen 64

12. Durchführungsplan 5: Anderen Grenzen setzen durch Körpersprache, Stimme, persönliche Distanz 65

13. Durchführungsplan 6: Impulssteuerung 67
    KV 12: Wutzettel 69
    KV 13a – f: Anti-Wut-Poster (Teil 1 – 6) 70
    KV 14: Möglichkeiten der Impulssteuerung 76
    KV 15: Smileys 77

14. Durchführungsplan 7: Senden von Ich-Botschaften 78
    KV 16: Satzstreifen für Zauberwörter (Klassenplakat) 82
    KV 17: Zauberwörterkärtchen – Satzanfänge für Ich-Botschaften 83
    KV 18: Fallbeispiele 84
    KV 19: Satzanfänge für Ich-Botschaften (Klassenplakat) 85
    KV 20: Von der Du-Botschaft zur Ich-Botschaft 86
    KV 21: Ich-Botschaft (Klassenplakat) 87
    KV 22: Zauberwörter (Schülerplakat) 88

15. Durchführungsplan 8: Guter Kontakt durch „Giraffensprache" 89
    KV 23: Motivationsplakat 91
    KV 24: Rap 92
    KV 25a: Giraffensprache (Klassenplakat 1) 93
    KV 25b: Giraffensprache (Beispiele) 94
    KV 26: Giraffensprache (Klassenplakat 2) 95
    KV 27a – b: Wolfssprache (Klassenplakat) 96
    KV 28a – b: Giraffensprache – Wolfssprache 98
    KV 29: Symbol für Wolfssprache (Stabpuppe) 100
    KV 30: Symbol für Giraffensprache (Stabpuppe) 101
    KV 31a: Aussagen unterscheiden: Du- oder Ich-Botschaft (Arbeitsheft) 102
    KV 31b: Aussagen unterscheiden: Du- oder Ich-Botschaft (Lösung) 103
    KV 32a – b: Von der Wolfssprache zur Giraffensprache 104

16. Durchführungsplan 9: Konflikte mit Worten lösen 106
    KV 33: Richtiges Konfliktlöseverhalten (Klassenplakat) 109
    KV 34a – c: Kommunikationsbären (Klassenplakat) 110
    KV 35: Urkunde 113

Anhang
Aufgaben der Lehrkräfte 114
KV 36: Schlichtungsablauf (Klassenplakat) 116
Unterrichtsbegleitende Spiele 117
Literaturverzeichnis 119

Vorwort

Diese Praxishilfe entstand als Leitfaden für das Projekt „Sich selbst behaupten und Konflikte lösen", als Durchführungshilfe eines Selbstbehauptungstrainings und Konfliktmanagements an unserer Schule – einer Schule inmitten einer mittelstädtischen Kernstadt mit allen ihren Problemen – ohne großzügige Grünflächen und Spielmöglichkeiten sowie in direkter Nähe zu Spielhallen und der „Marktplatzszene".

Recht viele Kinder leben in sozial instabilen Familien mit hohen Scheidungsziffern, in Ein-Eltern-Familien und in beengten Wohnverhältnissen. Ohne zuverlässige Hilfe von außen ist eine zuverlässige physische, psychische und soziale Pflege etlicher Kinder nicht sicher gewährleistet. So bedürfen immer mehr Familien, die auch eine innere Distanz zu schulischen Wertstrukturen zeigen, der Betreuung durch Familienhelfer und Jugendhilfe.

Andere Eltern weisen unrealistische Vorstellungen und Erwartungen ihrem Kind gegenüber auf, die zu Spannungen führen. Die Kinder reagieren mit Erziehungsschwierigkeiten und Aggressivität, die sie in die Schule tragen.

Zudem verhindert allzu oft der ständig laufende Fernseher Primärerfahrungen, die zur Entwicklung der Motorik und der Eigen- und Fremdwahrnehmung unabdingbar sind und ohne die auch die Entwicklung der Empathiefähigkeit als wichtige Voraussetzung eines gewaltfreien Miteinanders sich nicht vollziehen kann. Ein weiteres Resultat sind motorische Schwierigkeiten sowie Sprach- und Konzentrationsprobleme.

Immer häufiger fehlen somit einer Vielzahl von Kindern im häuslichen Umfeld Sozialpartner als Vorbilder und Begleiter des sozialen Lernens. Der Erziehungsverlust durch das Elternhaus nimmt den Kindern Wertgefühl und Orientierung mit der Folge des Nichtanerkennens des bestehenden Werte- und Normensystems. Die frühzeitige Förderung sozialer Fertigkeiten und Kompetenzen, die Voraussetzungen für die Entwicklung kooperativer Konfliktlösungsstrategien sind, wird blockiert. Aggressives Verhalten führt zu Verhaltenseinschränkungen und zur verminderten Fähigkeit, Probleme konstruktiv lösen zu können.

Um zu einem gewaltfreien Umgang miteinander zu gelangen, aggressives Verhalten abzubauen, aufzufangen und zu kompensieren, konzentriert sich die Arbeit der Schule in der Zusammenarbeit aller an der Schule Tätigen deshalb auf die Schwerpunkte: Schulleben, Stärkung sozialer Kompetenzen und Unterrichtsgestaltung.

Die Schule hat sich die Aufgabe gestellt, Raum für soziale Erfahrungen zu geben mit der Entwicklung der Eigen- und Fremdwahrnehmung, der Ich-Stärke, der gegenseitigen Toleranz, der Kontakt- und Kommunikationsfähigkeit zur Entwicklung von Beziehungen, von sozialer Sensibilität, Konfliktfähigkeit und Regellernen. So werden nicht nur durch alle Fächer hindurch die aktuell sich anbietenden Situationen zur Förderung des sozialen Lernens genutzt, sondern es werden pädagogische Situationen arrangiert – wie u. a. dieses Projekt „Sich selbst behaupten und Konflikte lösen" in allen Klassen des dritten Schuljahrgangs.

Neben den Maßnahmen
- zur Entfaltung einer entwicklungsfördernden pädagogischen Schulkultur der Ermutigung,
- zum individuellen, kindgerechten, bewegungsorientierten und gehirngerechten Lernen und
- zur Schaffung struktureller und organisatorischer Voraussetzungen
hat die primäre Gewaltprävention mit dem Mut zum Hinschauen hohe Priorität.

Zur Vermeidung der Entstehung von Gewalt setzt sie bereits vor dem Auftreten von Gewalt an mit den wichtigen Komponenten der Entwicklung und Förderung zu emotionalen, sozialen und kommunikativen Kompetenzen. Grundlage ist das soziale Kompetenztraining, das sich über die ersten beiden Grundschuljahre erstreckt. Hier sollen die Kinder lernen, mit der vielfältigen Lebensrealität offen und bewusst umzugehen. Sie sollen dazu Vertrauen in ihre eigene Stärke aufbauen und sich bewusst über ihre Grenzen werden, denn starke Kinder sind weniger empfänglich für Drogen und falsche Versprechungen, können sich stark fühlen, ohne andere auszugrenzen, und sind in der Lage, „nein" zu sagen.

Darauf aufbauend folgen das hier ausführlich beschriebene Projekt „Sich selbst behaupten und Konflikte lösen" im dritten Schuljahr sowie anschließend die „Streitschlichterausbildung" im vierten Schuljahr.

Die Motivation zur Erstellung dieser Praxishilfe für das Projekt „Sich selbst behaupten und Konflikte lösen" lag in der Suche nach geeigneter praxisorientierter Literatur. Es existiert zwar ein umfangreiches Angebot zu dieser Thematik, dennoch fehlte eine Handhabe mit den Kriterien:
• realistisch, praxiserprobt, sofort einsetzbar;
• ohne zeitaufwändige Vorbereitung durchführbar mit knapper schematischer Orientierungshilfe, detailliertes theoretisches Wissen der Hintergrundliteratur überlassend;

• zeitlich akzeptable Begrenzung der Unterrichtsinhalte und daher als zusätzliches Arrangement pädagogischer Situationen des sozialen Lernens einsetzbar;
• Einbettung in die Lehrpläne und in das Gesamtgefüge Schule (Schulprogramm);
• klare Themenstellung und detaillierte Zielangaben;
• kindgerechte, motivierende, effiziente Unterrichtsgestaltung;
• Lehrerhandmaterialien wie Arbeitsblätter, Poster usw.

Genau diese Lücke wollen wir mit diesem Leitfaden „Jeder gewinnt – (k)ein Kinderspiel" schließen.

Einleitung

Gesellschaft und Gesellschaftsstrukturen spiegeln sich in der Schule wider. Denn überall dort, wo Menschen miteinander in Beziehung stehen, treffen die unterschiedlichsten Meinungen, Verhaltensweisen, Bedürfnisse und Zielsetzungen aufeinander, was wiederum zu Konflikten führen muss. So sind auch Konflikte und deren Austragen als Streit im Schulalltag normal. Sie sind nicht nur als natürlich, sondern als positiv zu bewerten, weil sie die Chance bieten, die Standpunkte zu klären, die Ursachen für Unzufriedenheit herauszufiltern und richtige Lösungen zu finden.

Um dem in der heutigen Gesellschaft wachsenden Gewaltpotential zu entgegnen, orientieren sich unsere pädagogischen Handlungsweisen und Zielsetzungen an der Realität.

Mit dem Projekt „Sich selbst behaupten und Konflikte lösen" sowie der Ausbildung von Schülermediatoren möchten wir einen Beitrag zur Gewaltprävention und zur Friedenserziehung leisten.
 Die Grundschule „Wallschule" macht deshalb die Schülerinnen und Schüler frühzeitig mit dem konstruktiven und friedlichen Umgang mit inneren und äußeren Konflikten und sinnvollen alternativen Strategien vertraut und integriert diese in den Schulalltag.

Wichtigste Ziele des Projekts

Verhinderung und Reduzierung von Gewalt.

Vermittlung von Methoden zur konstruktiven Konfliktlösung als Beitrag zur Entwicklung einer positiven Streitkultur.
- Eine konstruktive Konfliktlösung führt dazu, bei der Lösung des Problems die Person des Gegenübers nicht anzugreifen.
- Eine Konfliktlösestrategie mit einem positiven Ausgang bedeutet das Erreichen einer win-win-Lösung. Hier wird mittels der Techniken des aktiven Zuhörens und der Ich-Botschaften ein Kompromiss gefunden, mit dem beide Seiten einverstanden sein können.

- Es kann eine Balance erreicht werden – ohne die mit dem Konflikt zusammenhängenden ursprünglichen Störungen und Handlungen.

Förderung der Schlüsselqualifikationen als Beitrag zur Entwicklung der sozial-emotionalen und kommunikativen (verbalen und nonverbalen) Kompetenzen.
- Entwickelt werden sollen die Fähigkeiten, eigene und fremde Gefühle wahrzunehmen, Aspekte also, die nach Goleman hin zur emotionalen Intelligenz führen.
- Als Beitrag zum Erlangen emotionaler Stabilität können durch die richtige Eigenwahrnehmung die eigenen Gefühle angemessen gehandhabt werden, ohne diese zu unterdrücken oder sich durch sie zu impulsiven destruktiven Handlungen verleiten zu lassen.
- Der konstruktive Umgang mit aversiven Gefühlen sowie Impulskontrolle, Selbstbehauptung und Toleranz für individuelle Unterschiede etc. sind weitere wichtige Aspekte.
- Das empathische Nachempfinden der Gefühle anderer und ein Perspektivenwechsel bilden die Grundlage des aktiven Zuhörens und der Übermittlung von Ich-Botschaften und dienen damit der positiven Gestaltung der menschlichen Beziehungen.
- Gelingt dazu – durch die Entwicklung der adäquaten sprachlichen Ausdrucksformen – die offene Artikulation eigener Interessen und Bedürfnisse in Abstimmung mit anderen und die Fähigkeit, Konflikte auszuhalten, so ist das ein großer Schritt zur bewussten Verhaltenssteuerung und somit zur sozialen Kompetenz.

Resümee

Die Selbstverpflichtung der Schule, den Fokus auf die Gewaltprävention zu richten mit der Entwicklung und Förderung des prosozialen Verhaltens der Schüler – das mit seinen Facetten der Kooperation und des Hilfeverhaltens einen Gegenpol zur Aggression bildet und aggressives Verhalten mindert – wird erreicht durch das Beachten folgender drei Aspekte:
- I. Strukturelle und organisatorische Maßnahmen inklusive der Anwendung entwicklungs- und lernpsychologischer Prinzipien.

- II. Förderung gewaltpräventiver Kompetenzen der Lehrkräfte.
- III. Gewaltpräventions-Projekte („Sich selbst behaupten und Konflikte lösen" und „Streitschlichterausbildung") für die Schüler.

Nach unseren Erfahrungen lässt sich feststellen, dass alle in das Projekt eingebundenen Schüler* ihre Entwicklung der sozial-emotionalen Kompetenz verstärkt haben. Bemerkenswert ist, dass sich durch die alljährlich wiederholenden, kontinuierlich verlaufenden Projekte des Konfliktmanagements und des Selbstbehauptungstrainings sowie der sich anschließenden Streitschlichterausbildung mit dem davor gelagerten Sozialtraining eine positive Streitkultur in der Schule ausbreitet, die Außenstehenden auffällt.

Zerstörungen lassen nach und die Häufigkeit und Intensität von Aggressivität und Konflikten verringert sich. Sie sind zwar nach wie vor bei den Schülern vorhanden, aber die Kinder reflektieren immer häufiger ihr eigenes Verhalten und wenden verstärkt konstruktive, kooperative Konfliktlösestrategien an. Gefühle und Konflikte werden zunehmend sachlich verbalisiert und immer weniger körperlich ausgetragen.

Zudem treten immer häufiger positive „Nebeneffekte" ein, wie ein deutlicher Zuwachs an verbalen Kompetenzen mit einhergehendem gestärktem Selbstwertgefühl sowie verstärkter Konzentrationsfähigkeit und besserer Mitarbeit im Unterricht, was zu einer spürbaren Verbesserung des Klassen- und Lernklimas führt.

Und schließlich berichten die Lehrkräfte von positiven Auswirkungen auf ihren eigenen Interaktionsstil.

Die Lehrer* sind von der Wichtigkeit präventiven Arbeitens bereits ab dem ersten Schultag überzeugt und insbesondere von dem zusätzlichen Projekt „Sich selbst behaupten und Konflikte lösen".

Obwohl (gemessen an vielen anderen existierenden Programmen wie das sehr zu empfehlende Programm „Faustlos") nur eine geringe Zahl an Unterrichtsstunden dafür eingeplant werden muss, hat dieses Projekt „Sich selbst behaupten und Konflikte lösen" seine positive Nachhaltigkeit über Jahre hinweg an unserer Schule bewiesen.

Die Inhalte und der Aufbau der einzelnen Unterrichtssequenzen sind kein Rezept, sondern als Vorschlag zu sehen für Schulen, die – ebenso wie wir mit einem geringen Zeitbudget ausgestattet – ein Zusatzangebot des sozialen Lernens mit größtmöglichem Effekt arrangieren wollen. Obwohl wir bewusst auf zeitaufwändige Interaktionen und Entspannungsangebote verzichtet haben, sind die Schüler sehr motiviert und freuen sich bereits auf die nächste Projektstunde.

Bei größerer Zeitkapazität ist es sicherlich wünschenswert, zusätzliche abwechslungsreiche und vertiefende Interaktions- und Kommunikationsspiele einzusetzen (siehe Anhang).

Auf weitere Möglichkeiten der Konfliktbewältigung und der Gewaltintervention und -prävention haben wir aus Zeitgründen innerhalb unseres Projektes verzichtet, weil diese häufig im Klassenverband präventiv wirkend eingesetzt werden (z. B. Klassenrat).

---

* Der Einfachheit halber und wegen der besseren Lesbarkeit wird ohne diskriminierende Absicht auch weiterhin die männliche Form gewählt.

Konzept und Idee

Nach Watzlawick kann man nicht „nicht-kommunizieren" und das gilt auch für das soziale Lernen – da in jeder Situation (irgend)etwas gelernt wird. So lernen die Schüler in jeder Unterrichtsstunde geplant oder ungeplant, dass bestimmte Verhaltensweisen im Umgang miteinander negativ sanktioniert, toleriert oder positiv verstärkt werden. Deshalb muss soziales Lernen als durchgängiges und fachübergreifendes Unterrichtsprinzip verstanden werden.

Zudem weisen schon die anfangs dargelegten Vorüberlegungen darauf hin, dass dieses hier beschriebene Projekt neben den täglich sich anbietenden Situationen für soziales Lernen als zusätzliches Arrangement aufzufassen ist.

Deshalb erhebt dieses Projekt nicht den Anspruch eines Alleinstehensmerkmals zur gewaltpräventiven Intervention für die Zielgruppe der Dritt- oder auch der Viertklässler. Es bedarf vielmehr der Einbettung in das Schulprogramm mit all seinen vorausgehenden, begleitenden und folgenden präventiv wirkenden pädagogischen und organisatorischen Maßnahmen (siehe Einleitung, Vorwort, Stellung des Projekts im Unterrichtsgeschehen) unter Einbeziehung der Eltern und der wünschenswerten Vernetzung mit außerschulischen Angeboten oder Institutionen.

Zur Struktur dieser Praxishilfe

▶ Das Projekt ist in Module gegliedert, deren Einzelthemen didaktisch-methodisch so konzipiert sind, dass der Inhalt jedes einzelnen in einer Schulstunde erarbeitet werden kann.

Anstelle externer Fachleute können die Lehrkräfte selbst auf Grund der sehr ausführlich gefassten Durchführungspläne die vorgeschlagenen Inhalte unterrichten und flexibel in den Regelunterricht integrieren. So lassen sich diese neun Unterrichtsstunden, deren Module teils voneinander lösbar sind, im wöchentlichen Abstand beispielsweise in den Fächern Sachunterricht, Deutsch oder Werte und Normen einbinden oder als Mehr-Tages-Projekt einsetzen.

▶ Die Durchführungspläne jeder einzelnen Unterrichtsstunde enthalten
• Lernziele, die zugleich die methodische Vorgehensweise begründen,
• detaillierte Unterrichtsschritte mit teils wörtlichen Instruktionen, die für Lehrkräfte beispielsweise in den Bereich der Fantasiereisen und Imaginationen hilfreich sein können sowie Tipps und Hinweise zur besonderen Beachtung,
• Angaben über Sozialformen und Medien und
• als Anlage diverse Lehrerhandmaterialien, Schülerarbeitsblätter und Klassenplakate.

▶ Einige wichtige Hintergrundinformationen stehen in den Kapiteln Konflikte, Ankern, Aktives Zuhören und Gewaltfreie Kommunikation.

Zur Konzeption der Unterrichtsstunden

In der Didaktik und Methodik der Unterrichtsstunden werden lernbiologische Grundlagen beachtet, weil nach Vester die beim Lernen gespeicherten Informationen nicht nur aus dem zu vermittelnden Unterrichtsstoff bestehen, sondern begleitet und gestützt werden von mitgespeicherten Wahrnehmungen.

Die Reihenfolge und der Aufbau der Unterrichtsthemen berücksichtigen unter anderem folgende Aspekte:
• Die verknüpfende Speicherung der Unterrichtsinhalte ermöglichen.
• Mit motivierenden Methoden das Neugierverhalten fördern.
• Verschiedene Lerntypen mit unterschiedlichen Lerneingangskanälen berücksichtigen.
• Die Erklärung vor den Begriff stellen.
• Zusätzliche Assoziationen ermöglichen.
• Den Lernspaß fördern.
• Die Beziehung zur Realität herstellen.
• Neue Informationen wiederholen und die Schüler den Unterrichtsinhalt als „sinn-voll" erleben lassen.

Zu den kooperativ und kommunikativ wirkenden Methoden dieses Projekts

▶ **Wahrnehmungsübungen** helfen zur Entwicklung einer erfolgreichen Kommunikation, die auf der wahrnehmenden Beobachtung des Kommunikationspartners basiert und zur richtigen Interpretation dieser Beobachtung führt.

Denn nicht nur die verbalen Äußerungen überbringen Botschaften, sondern viele Informationen können aus dem nonverbalen Verhalten entnommen werden. Gelegentlich wird eine verbale Information erst durch die nonverbale Körpersprache deutlich und lässt deren Wahrhaftigkeit erkennen.

Durch die Wahrnehmungsübungen wird das bewusste Achten auf die Sinneswahrnehmungen gefördert und durch genaues Beobachten das Differenzierungsvermögen verfeinert, sodass sich schließlich die Fähigkeit herausbildet, die Beobachtungen richtig zu interpretieren.

▶ **Kooperative Spiele und Interaktionsübungen** fördern den Zusammenhalt in der Gruppe oder mit dem Partner und das soziale Lernen jedes Einzelnen ohne Sieger und Verlierer. Sie führen die Schüler spielerisch zum assoziativen Lernen mit Erlebnischarakter und können helfen, soziale Lerndefizite auszugleichen und korrigierende soziale und emotionale Erfahrungen zu vermitteln.

▶ **Rollenspiele und pantomimische Darstellungen** simulieren die Wirklichkeit mit Erlebnischarakter. Die Schüler können durch das Nachspielen sozialer Situationen die menschlichen Beziehungen besser erfahren, spielerisch assoziativ lernen und sich im Perspektivenwechsel üben.

Nach Vester ist der Mensch so strukturiert, dass er eigentlich nur dann, wenn er selber spielt, wieder ein Stück mehr von der Welt verstehen lernt.

▶ **Imaginationen** in der Form der angeleiteten Fantasiereise erzeugen durch „die Vorstellung von Bildern in Verbindung mit Geräuschen und Gerüchen und Bewegungen eine innere Resonanz zusätzlicher Hirnbereiche und damit ein inneres Erlebnis"*. Sie verstärken durch die Bildhaftigkeit die Verankerung im Lernprozess, führen zu einem unmittelbaren und emotional verstärkten Lerneffekt. Dem Schüler wird ein oft bisher nicht erfahrener Zugang zu sich selbst ermöglicht, indem er lernt, zu sich und auch zu anderen in Distanz zu treten und sich und seine Umwelt besser zu verstehen.

▶ **Kooperative Arbeitsformen** wie Gruppen- und Partnerarbeit, aber auch das reflektierende Unterrichtsgespräch, veranlassen die Schüler dazu, Gedachtes verständlich auszudrücken, zu argumentieren, im Perspektivenwechsel den anderen besser zu verstehen und gegensätzliche Meinungen zu respektieren.

Projektbegleitende Maßnahmen

zur Förderung sozialer Kompetenzen können sein:
- Klassenrat;
- Regelbarometer mit der Angabe des erfolgreichen Einhaltens der Klassenregeln;
- Interaktionsspiele im Sportunterricht oder zur Rhythmisierung des Unterrichts;
- Konstruktives Konfliktlösen unter Anleitung der Klassenlehrkraft;
- Elternabende mit Projektinformationen und Mitmachaktionen …

* Vester, F. u. a. (1996) Aufmerksamkeitstraining im Unterricht. Wiesbaden: Quelle und Meyer (S. 42).

Ziele des Projekts

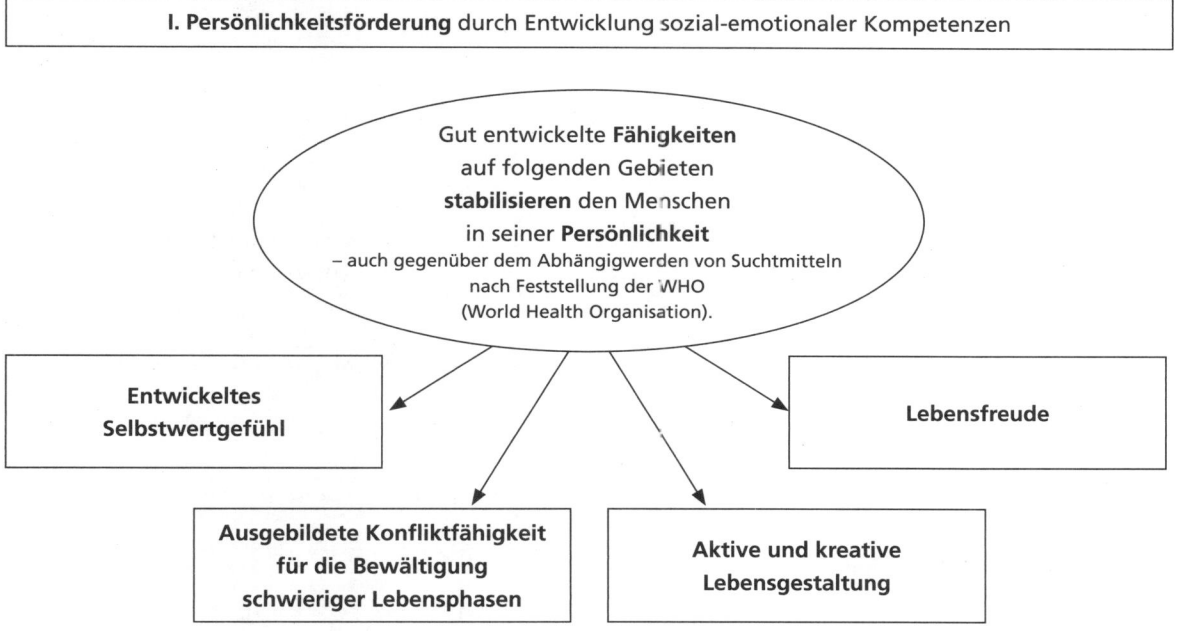

I. Persönlichkeitsförderung durch Entwicklung sozial-emotionaler Kompetenzen

Gut entwickelte **Fähigkeiten** auf folgenden Gebieten **stabilisieren** den Menschen in seiner **Persönlichkeit** – auch gegenüber dem Abhängigwerden von Suchtmitteln nach Feststellung der WHO (World Health Organisation).

Entwickeltes Selbstwertgefühl

Lebensfreude

Ausgebildete Konfliktfähigkeit für die Bewältigung schwieriger Lebensphasen

Aktive und kreative Lebensgestaltung

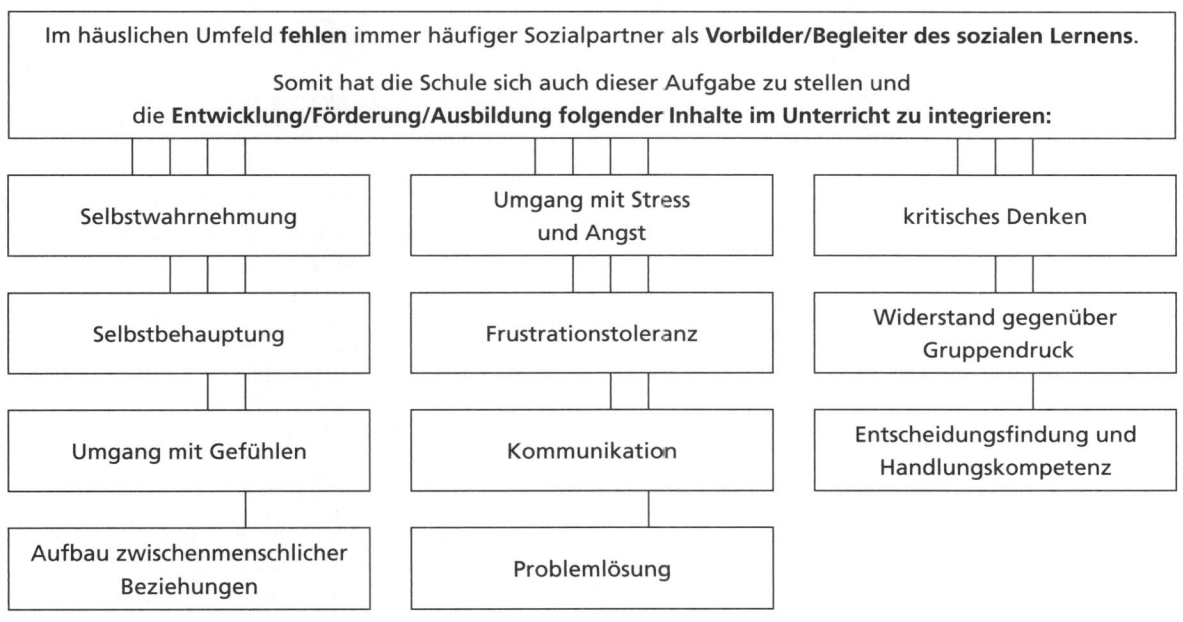

Im häuslichen Umfeld **fehlen** immer häufiger Sozialpartner als **Vorbilder/Begleiter des sozialen Lernens.**

Somit hat die Schule sich auch dieser Aufgabe zu stellen und **die Entwicklung/Förderung/Ausbildung folgender Inhalte im Unterricht zu integrieren:**

Selbstwahrnehmung	Umgang mit Stress und Angst	kritisches Denken
Selbstbehauptung	Frustrationstoleranz	Widerstand gegenüber Gruppendruck
Umgang mit Gefühlen	Kommunikation	Entscheidungsfindung und Handlungskompetenz
Aufbau zwischenmenschlicher Beziehungen	Problemlösung	

II. Entwicklung der Lebenskompetenzen durch verbale und nonverbale Kommunikationsfähigkeiten
(→ Diese Ziele gehen Hand in Hand mit dem vorangegangenen Ziel der Persönlichkeitsförderung.)

Zur Vermittlung von Lebenskompetenzen bedarf es des schulischen Schwerpunktes der Entwicklung und Förderung eines gelingenden verbalen und nonverbalen Kommunikationsverhaltens unter folgenden unterrichtlichen Zielsetzungen:

Die Schüler sollen...

... ein positives Selbstbild , die Wertschätzung der eigenen Fähigkeiten und Selbstsicherheit entwickeln.

... eigene und fremde Bedürfnisse wahrnehmen.

... ihre emotionale Ausdrucksfähigkeit stärken.

Die Entwicklung der Eigenwahrnehmung, die Entfaltung der eigenen Ausdrucksmöglichkeiten und die Schulung für das Empfinden und Benennen von Stimmungen und Gefühlen anderer verhelfen zur klareren und differenzierteren Vermittlung eigener Gefühle.

Somit lassen sich Missverständnisse in den zwischenmenschlichen Beziehungen deutlich verringern.

Zudem gelingt es besser, die eigenen Interessen durchzusetzen und dabei die Bedürfnisse anderer zu berücksichtigen.

... die Fähigkeit erwerben, sich verständlich zu machen und andere zu verstehen.

... Beziehungen aufbauen.

... die Frustrationstoleranz aufbauen, um Verlust und Niederlagen zu ertragen.

... konstruktive Konfliktlösestrategien kennen lernen.

... Problemlösefähigkeiten üben.

... soziales Verantwortungsbewusstsein übernehmen.

... Standfestigkeit/Widerstandsfähigkeit gegenüber sozialem Gruppendruck entwickeln.

3.1 Stellung des Projekts im Unterricht und Lehrplan

Das Projekt „Sich selbst behaupten und Konflikte lösen" steht inmitten der die Voraussetzungen schaffenden und sich anschließenden weiteren Präventionsmaßnahmen.

Im Anschluss an das in alle Fächer integrierte soziale Kompetenztraining in den beiden ersten Grundschuljahren unterstützt dieses hier vorgestellte Projekt die Ziele der Entwicklung und Förderung der sozial-emotionalen und kommunikativen Fähigkeiten im dritten Schuljahr. Es ist im Konzept zur Gewaltprävention als Teil eines umfassenden Präventionskonzeptes innerhalb des Schulprogramms verankert.

Nach den vorbereitenden Inhalten erfolgt im vierten Schuljahr die Ausbildung zum Streitschlichter auf freiwilliger Basis.

Das Projekt „Sich selbst behaupten und Konflikte lösen" wird begleitet von …
• … flankierenden pädagogischen Maßnahmen zur Stärkung der persönlichen und sozial-emotionalen Kompetenz der Schüler,
• … strukturellen und schulorganisatorischen Rahmenbedingungen,
• … der Förderung der gewaltpräventiven Kompetenzen der Lehrkräfte

Es trägt somit zu einer gelingenden Gewaltprävention bei.

• Gemäß dem schulischen Bildungsauftrag werden die gewaltpräventiven Aspekte zur Förderung der Handlungskompetenz, der Personalkompetenz und der Sozialkompetenz fachübergreifend in die Lehrpläne aller Fächer und Schuljahre integriert.
• Die Lehrkräfte arbeiten zur Stärkung des Zusammenhalts der Klassengemeinschaft nach dem „Drei-Elemente-Konzept" von Ottmar Hanke (siehe Anhang, Aufgaben der Lehrkräfte):
  1. Konflikte aufarbeiten,
  2. Regeln und Rituale einführen und
  3. Kommunikation, Kooperation und Vertrauen spielerisch fördern.
• Auf Grund der Wichtigkeit der Vorbildfunktion und Sozialkompetenz werden den Lehrkräften Qualifizierungsfortbildungen angeboten.

• Offene Unterrichtsformen motivieren die Schüler zu größerer Verantwortung für ihren eigenen Lernerfolg.
• Ein verbindlicher Regelkatalog unterstützt das Arbeits- und Sozialverhalten.
• Die Übertragung sozialer Aufgaben wie beispielsweise verschiedene Klassen- und Hofdienste und die Schülermediation sind weitere erzieherische Maßnahmen.
• Durch wechselseitige Rückmeldungen und Kontakte zwischen Schule und Elternhaus und zwischen Lehrern und Schülern entsteht ein Dialog, sodass sich Eltern als Partner gemeinsamer Erziehung angenommen fühlen.
• In einem für beide Seiten verbindlichen Erziehungsvertrag vereinbaren die Lehrer- und Erziehungsberechtigten Erziehungsziele und -grundsätze sowie Regeln.
• Die Schule hat sich als Ganztagsschule für die über den eigentlichen Unterrichtsauftrag hinausgehenden Angebote geöffnet und nimmt damit eine Familien unterstützende Funktion wahr.
• Den ausgebildeten Schülermediatoren steht ein gesonderter Raum mit einer „Friedenstreppe" zur Verfügung.
• Lerninseln und Sitzecken auf dem Flur laden zu selbstverantwortlichem Lernen und zu Schüler-Schüler-Gesprächen u. a. ein.
• Ein Motorikraum bietet Aggressionen abbauende Materialien.
• Sportförderunterricht und Psychomotorik fördern die Eigen- und Fremdwahrnehmung.
• Stille Lesepausen dienen Kindern als Rückzugsmöglichkeit.
• In den Bewegungspausen findet angeleitetes Fußballspielen auf dem nahe gelegenen Sportplatz statt, und aus den Schatzkisten jeder Klasse können sich die Kinder mobile Handgeräte für den Schulhof entleihen.

Schematische Darstellung der Stellung des Projekts innerhalb der Gewaltprävention
als Teil eines umfassenden schulischen Präventionskonzeptes.

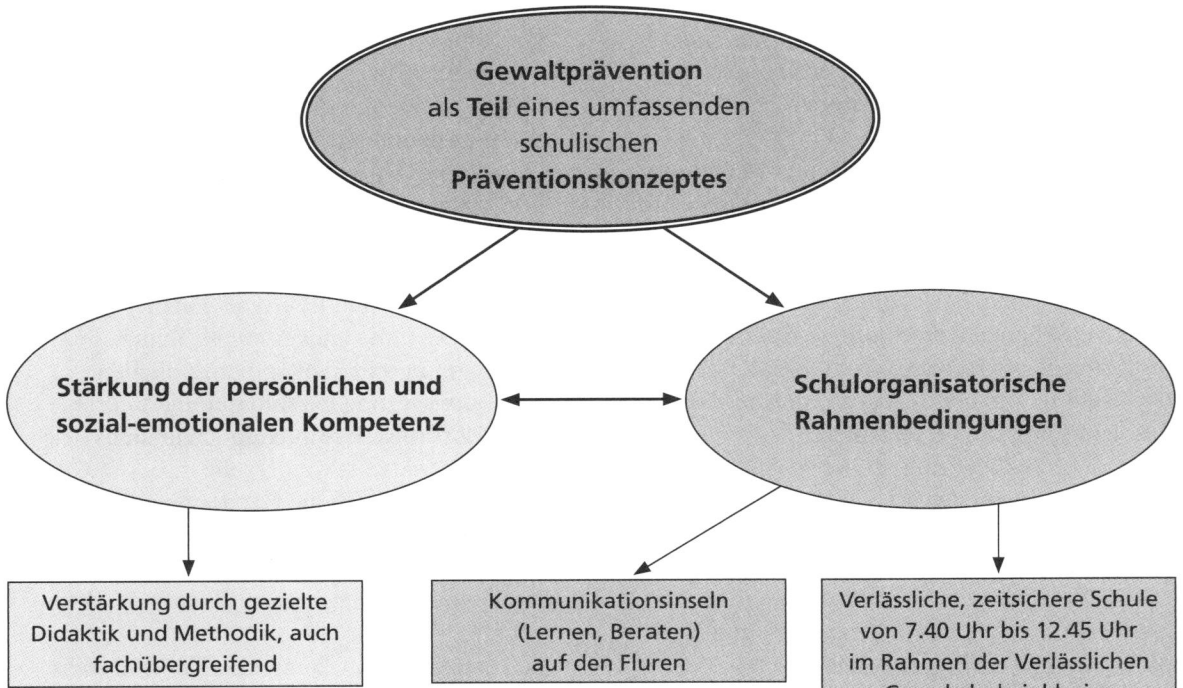

Gewaltprävention
als **Teil** eines umfassenden
schulischen
Präventionskonzeptes

**Stärkung der persönlichen und
sozial-emotionalen Kompetenz**

**Schulorganisatorische
Rahmenbedingungen**

Verstärkung durch gezielte
Didaktik und Methodik, auch
fachübergreifend

Wahrnehmungsförderung

Psychomotorik

Entspannungstechniken und
Fantasiereisen

Förderung des Spielverhaltens
(Freispiel, Partner- und
Gruppenspiele,
Gesellschaftsspiele)

Entwicklung
der Methodenkompetenz

Lernentwicklungsbegleitung
und individuelle Förderung
und Forderung

Kommunikationsinseln
(Lernen, Beraten)
auf den Fluren

Lehrerfortbildungen

Fächerintegriertes
Sozialtraining im ersten
und zweiten Schuljahr

Projekt „Hilf mir" im ersten
und zweiten Schuljahr durch
den Patenpolizisten

Projekt „Selbstverteidigung"
in den dritten und vierten
Klassen durch außerschulische
Experten

Projekt „Sich selbst behaupten
und Konflikte lösen"
in den dritten Klassen

Projekt „Streitschlichterausbildung" in den vierten
Klassen

Streitschlichterbüro im
gesonderten Raum mit einer
Sitzecke und „Friedenstreppe"

Verlässliche, zeitsichere Schule
von 7.40 Uhr bis 12.45 Uhr
im Rahmen der Verlässlichen
Grundschule inklusive
Betreuung in den 1./2. Klassen

Im Rahmen der offenen
Ganztagsschule
die Freizeitgestaltung
fördernde Arbeits-
gemeinschaften (Mädchen-
und Jungenprojekte ...)

Pausengestaltungsangebote:
• Mobile Handgeräte
  für den Schulhof
• Spielpause im Klassenraum
  bei Regen
• Lesepause, Stille Pause
• Fußballpause

In jedem Klassenraum:
• Leseschatzkisten
• Kiste mit Rhythmik-
  instrumenten

Öffnung der Schule zu
Institutionen und Vereinen

14

Das Projekt „Sich selbst behaupten und Konflikte lösen" setzt an bei der Selbstwahrnehmung und dem Selbstausdruck und geht über die Selbstbehauptung hin zum Konfliktmanagement als Voraussetzung für die im vierten Schuljahr angebotene freiwillige Streitschlichterausbildung in der unterrichtsfreien Zeit.

Schülerinnen und Schüler des dritten Schuljahrganges erhalten diesen Projektunterricht durch zwei Lehrkräfte als Teamtrainer. Er wird im Lehrplan in den Sachunterricht integriert und im ganzen Klassenverband gemeinsam mit Mädchen und Jungen während der Unterrichtszeiten des Schulvormittages erteilt.

Eine wünschenswerte geschlechtsspezifische Unterrichtung lässt sich an unserer Schule aus Ermangelung eines männlichen Kollegen nicht anbieten.

Durch dieses Projekt erhalten die Schüler und Schülerinnen die Basis zur effektiven Selbstverteidigung, die als Lückenschluss der Gewaltprävention durch eine außerschulische Expertin erteilt wird.

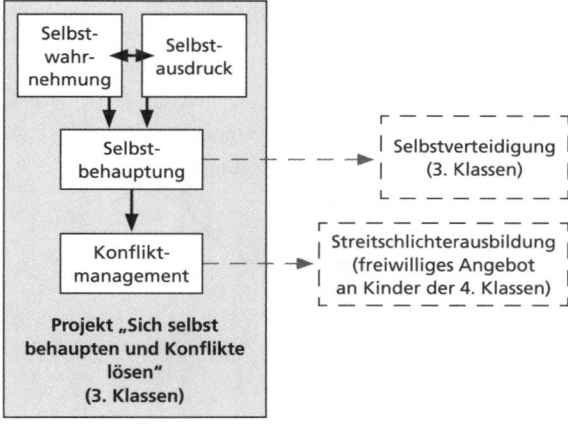

Projekt „Sich selbst behaupten und Konflikte lösen" (3. Klassen)

Gründe für die Reihung

Selbstwahrnehmung ◄► Selbstausdruck ► Selbstbehauptung ► Konfliktmanagement

Erfahrungsgemäß ist die Selbstwahrnehmung bei Kindern oftmals nicht ausgeprägt. Es gibt viele Beispiele, die zeigen, wie subtil und von den Erziehenden unüberlegt die Fähigkeit zur Selbstwahrnehmung untergraben und behindert statt unterstützt wird, bis sie sogar verloren geht: „Der Pullover kratzt!" --- „Nein, der Pullover kratzt nicht! Das ist nicht möglich".

„Das Essen schmeckt nicht!" --- „Doch, das Essen ist gut, iss!"

Anpassungsfähigkeit und Folgsamkeit erhalten häufig eine zu große Bedeutung. Folgerichtig lernen Kinder dann nicht, ihre Bedürfnisse klar zu artikulieren oder ihren Willen durchzusetzen. „Sich selbst behaupten" wird gleich gesetzt mit Frechheit und Kindern wird oft das Recht zum „Nein-Sagen" abgesprochen, wenn sie etwas nicht möchten.

Statt durch die Realisierung des „Wünschens und Wollens" unter angemessener/erforderlicher Grenzsetzung das Selbstwertgefühl zu stärken und die Selbstständigkeit zu entwickeln, er-„leben" die Kinder zu oft Gefühle von Ohnmacht, Hilflosigkeit und Ausgeliefertsein.

Die Selbstwahrnehmung mit der eigenen Erfahrung „Ich bin wertvoll, ich bin es wert, ich bin es mir wert, ich schätze mich" ist jedoch notwendig, um das eigene Selbstwertgefühl zu entwickeln und zu stärken und um sich selbst ausdrücken zu lernen. Denn Selbstwahrnehmung und Selbstausdruck sind die Basis für eine wirkungsvolle nonverbale und verbale Kommunikation. Sie sind zugleich Voraussetzungen für die Selbstbehauptung, für das eigene „Ich" und zudem Bausteine für ein Konfliktmanagement mit konstruktiven Lösestrategien.

Selbstbehauptung wiederum ist die Grundlage für effektive Selbstverteidigung – und eine Selbstverteidigung findet dann statt, wenn Angriffe auf die körperliche und seelische Unversehrtheit abgewehrt werden, wenn Grenzen, die überschritten werden, durch verschiedenste Maßnahmen verwehrt werden.

Selbstverteidigung setzt voraus, dass der Mensch ein Gefühl für sein Selbst und seinen Selbstausdruck entwickelt hat. Erst dann kann er ein Gefühl für Grenzüberschreitungen erlangen.

Um sich wirksam und der jeweiligen Situation angemessen verteidigen zu können, bedarf es der psychischen und sozialen Entwicklung eines jeden Einzelnen. Da das Elternhaus hier häufig versagt, hat die Schule auch diese Aufgabe zu erfüllen.

An unserer Schule hat eine außerschulische Expertin nicht nur die Aufgabe des Erlernens von Selbstverteidigungstechniken übernommen, sondern vermittelt darüber hinaus auch das Erkennen von bedrohlichen Situationen, deren richtige Einschätzung und daraus resultierend das Erlernen angemessener Reaktionen.

3.2. Unterrichtsschwerpunkte

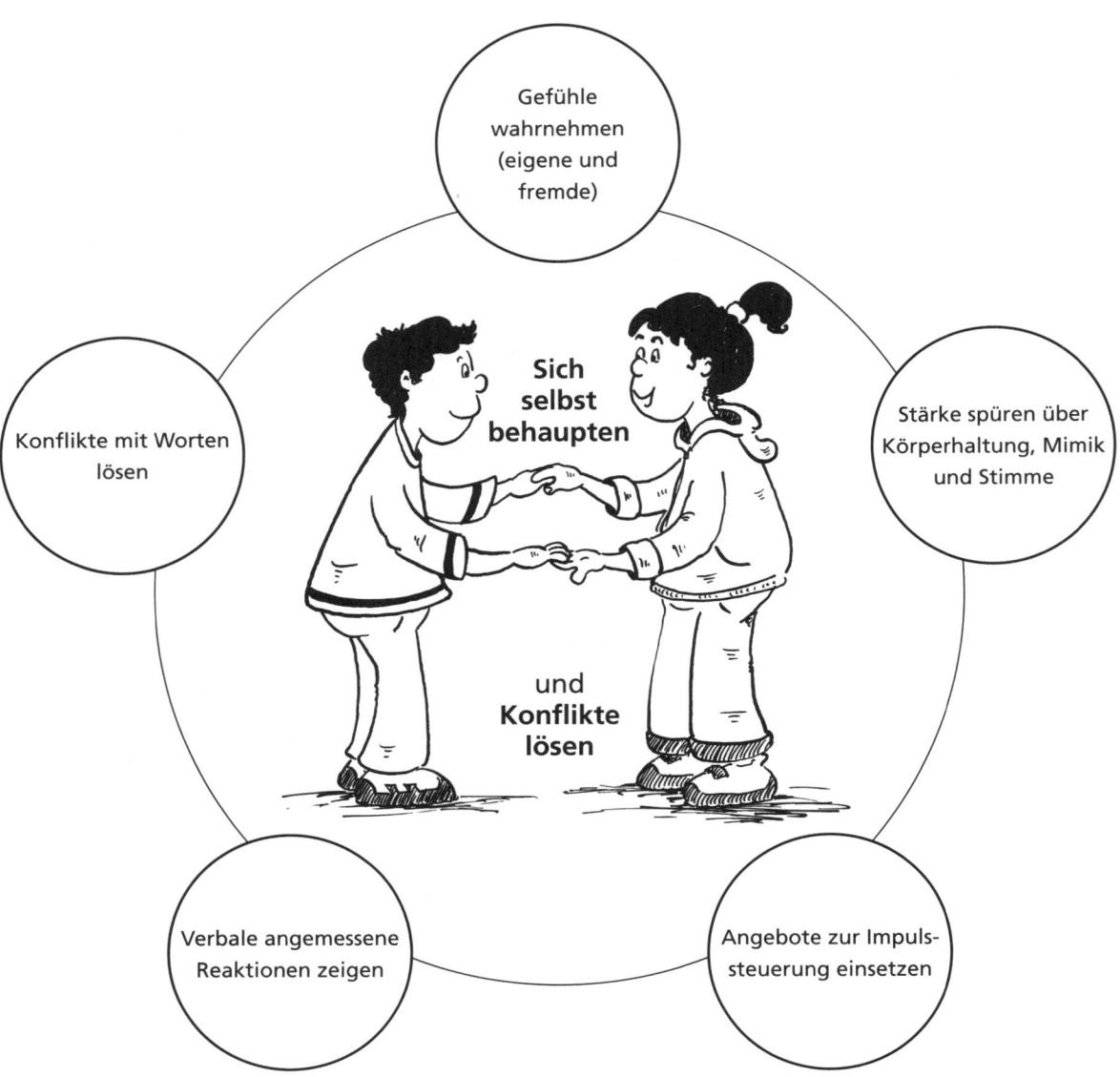

3.3 Bausteine und Grobziele der Unterrichtseinheiten

„Sich selbst behaupten und Konflikte lösen"

Unterrichtsbausteine	Grobziele der Unterrichtseinheiten
Eigene und fremde Gefühle wahrnehmen ◆ 1. Stunde und ◆ 2. Stunde	► Sich stark machen durch das Wahrnehmen und Benennen eigener und fremder Gefühle in Distress-Situationen und bei positiven Erlebnissen und das Ankern positiver Gefühle. ► Sich stark machen durch die gegenseitige Toleranz der Gefühle und Nutzen der distanzierenden Wirkung des bewussten Einsatzes von Mimik und Körperhaltung in stressbesetzten Situationen und bei belastenden Gedanken.
Stärke spüren über Körperhaltung, Mimik und Stimme ◆ 3. Stunde ◆ 4. Stunde ◆ 5. Stunde	► Sich stark machen durch Gestik, Mimik, Körperhaltung, Stimme – durch die Erfahrung der Körpersprache als Ausdruck von Emotionen. ► Sich stark machen und anderen Grenzen setzen durch klare kongruente Körpersprache.
Impulssteuerungs-möglichkeiten einsetzen ◆ 6. Stunde	► Sich stark machen durch die Veränderung negativer Gefühle mit Hilfe entstressender und aggressionsabbauender Möglichkeiten des Fühlens, Denkens und Handelns. Durch Selbstkontrolle ist die eigene Wut in den Griff zu bekommen.
Verbale angemessene Reaktionen zeigen ◆ 7. Stunde und ◆ 8. Stunde	► Sich stark machen und sich selbst behaupten durch eine den anderen respektierende Sprache mit klarer Aussage eigener Bedürfnisse unter Benutzung von Ich-Botschaften und Aussprechen eigener Gefühle. Durch einen hohen Selbstoffenbarungsanteil kann das konkrete unerwünschte Verhalten des Gegenübers als Problem dargestellt werden, ohne die Person selber abzuwerten.
Konflikte mit Worten lösen ◆ 9. Stunde	► Sich stark machen durch das konstruktive Lösen von Konflikten und dabei die eigenen Interessen durchsetzen und dennoch die Bedürfnisse anderer berücksichtigen, damit die Konflikte nicht weiterschwelen. Die Entscheidung für eine gemeinsam gefundene Lösung bringt nach dem Austauschen von Sichtweisen und dem Sammeln von Lösungen eine alle Seiten zufrieden stellende win-win-Lösung. Konflikte können somit als Chance zur Verbesserung von Beziehungen erkannt werden.

3.4 Themen und Ziele des Unterrichts

Projekt: „Sich selbst behaupten und Konflikte lösen"

1. Stunde	Thema	Sich stark machen durch das Wahrnehmen/ Erkennen und Benennen eigener Gefühle in Distress-Situationen und bei positiven Erlebnissen sowie durch das Ankern positiver Gefühle.
	Ziele	Die Schüler sollen eigene Gefühle in Stress-Situationen und bei positiven Erlebnissen wahrnehmen lernen und erkennen, dass diese sich körperlich äußern und orten lassen. Sie sollen positive Gefühle verstärkt erleben und erfahren, dass das Setzen eines (Körper-, visuellen) Ankers diese positiven Gefühle wieder erlebbar macht und dass sie sich durch das Benutzen ihres (Körper-, visuellen) Ankers in Stress-Situationen besser distanzieren können und sich damit psychisch entlasten.
1. Stunde Alter- native	Thema	Sich stark machen durch das Wahrnehmen/Erkennen und Benennen eigener Gefühle in Distress-Situationen und bei positiven Erlebnissen durch die Möglichkeit, sich von belastenden Gefühlen zu distanzieren bis hin zur positiven Veränderung eines Gefühls.
	Ziele	Die Schüler sollen eigene Gefühle in Stress-Situationen und bei positiven Erlebnissen wahrnehmen lernen und erkennen, dass diese sich körperlich äußern und orten lassen. Sie sollen erfahren, dass es möglich ist, sich von negativen Gefühlen zu distanzieren und sich damit psychisch zu entlasten.
2. Stunde	Thema	Sich stark machen durch das Wahrnehmen der eigenen und fremden Gefühle in gegenseitiger Toleranz.
	Ziele	Die Schüler sollen Stimmungen erkennen und spüren, dass die individuelle Lebens-erfahrung die Wahrnehmung des Einzelnen beeinflusst und dass damit Toleranz gegenüber Gefühlen anderer geübt werden muss. Sie sollen erfahren, dass es keine falschen Gefühle gibt.
3. Stunde	Thema	Sich stark machen durch Gestik, Mimik und Körperhaltung.
	Ziele	Die Schüler sollen die Unterschiede einer „schwachen" und „starken" Körperhaltung kennen lernen und erkennen, dass es möglich ist, dem anderen Grenzen zu setzen durch die Merkmale einer „starken Körperhaltung", entsprechender Mimik, klarer und fester Stimme und deutlicher einfacher Aussage.
4. Stunde	Thema	Sich stark machen und anderen Grenzen setzen durch kongruentes Verhalten – in Körpersprache, Stimme, mit deutlicher persönlicher Aussage.
	Ziele	Die Schüler sollen erleben, dass eine klare, starke Körpersprache mit entsprechendem Stimmeinsatz und eindeutiger kurzer und klarer Aussage den anderen dazu bringt, die gewünschten Grenzen zu respektieren. Durch intensives Training sollen sie ihre „starke Körperhaltung" auch zukünftig präsent haben können, zugleich diesbezügliche Hem-mungen abbauen und Sicherheit aufbauen und damit ihr Selbstwertgefühl stärken.
5. Stunde	Thema	Sich stark machen durch klare Körpersprache, eindeutigen Einsatz von Mimik und Stimme und durch das Nutzen der persönlichen Distanz.
	Ziele	Die Schüler sollen ausloten, welche persönliche Distanz sie zu einer Person halten oder aufbauen möchten und lernen, wirkungsvolle Signale zu setzen, um dieses Ziel zu erreichen.

6. Stunde	Thema	**Sich stark machen und wohl fühlen durch**
		das Kennenlernen und Anwenden diverser Möglichkeiten zur Impulssteuerung.
	Ziele	Die Schüler sollen ihre eigene Stärke erfahren und ihr Selbstwertgefühl steigern durch den Einsatz diverser Möglichkeiten zur Impulssteuerung (u. a. Körpereinsatz, Denken, Sprache). Sie sollen Möglichkeiten zur Veränderung negativer Gefühle erfahren.
7. Stunde	Thema	**Sich stark machen und wohl fühlen durch**
		das Senden von Ich-Botschaften.
	Ziele	Die Schüler sollen erfahren, dass die Wortwahl entscheiden kann über das Entstehen positiver oder negativer Gefühle sowohl beim Sender als auch beim Empfänger. Sie sollen eine Du-Botschaft von einer Ich-Botschaft unterscheiden lernen und die positiven Wirkungen einer Ich-Botschaft auf die Kommunikation erkennen.
8. Stunde	Thema	**Sich stark machen und wohl fühlen durch**
		das Erreichen eines guten zwischenmenschlichen Kontaktes
		durch die „Giraffensprache".
	Ziele	Die Schüler sollen durch die „Giraffensprache" erfahren, wie Gefühle und Bedürfnisse ausgedrückt werden, ohne andere zu kritisieren, zu verurteilen oder anzuklagen, und wie eigene Anliegen formuliert werden, ohne zu verletzen oder zu drohen. Sie sollen erkennen, dass sie durch die positive Sprache und das Nutzen von Ich-Botschaften einen guten zwischenmenschlichen Kontakt erreichen können.
9. Stunde	Thema	**Stark sein und Konflikte mit Worten lösen.**
	Ziele	Die Schüler sollen durch das konstruktive Lösen von Konflikten die eigenen Interessen durchsetzen und dabei die Bedürfnisse anderer berücksichtigen, damit die Konflikte nicht weiterschwelen. Sie sollen die erarbeiteten Gesprächsregeln anwenden (höflich sprechen, Ich-Botschaften senden, ruhig bleiben, ausreden lassen) und erkennen, dass die Entscheidung für eine gemeinsam gefundene Lösung nach dem Austauschen von Sichtweisen und dem Sammeln von Lösungen eine alle Seiten zufrieden stellende win-win-Lösung ist.

4 Konflikte

Nach Kleiter* sind Konflikte an sich nicht zu vermeiden. Denn überall dort, wo Menschen miteinander zu tun haben, treffen die unterschiedlichsten Meinungen, Verhaltensweisen, Bedürfnisse und Zielsetzungen aufeinander, was wiederum zu Auseinandersetzungen führen muss.

Damit sind Konflikte und der Streit als Austragen des Konflikts nichts Unnatürliches. Sie sind positiv zu bewerten, weil sie häufig notwendig sind zur Klärung der Standpunkte und zum Finden einer richtigen Lösung.

Das Verhalten von Menschen bei Konflikten hängt von ihrem individuellen Erfahrungshorizont ab. Erlernte Verhaltensmuster werden oftmals generalisierend angewandt, um in bestimmten Situationen ein bestimmtes Ziel zu erreichen.

Aber auch das Konflikterleben selbst ist individuell höchst unterschiedlich, denn den Grad der inneren Spannungen und Emotionen empfindet und bewertet jeder anders.

Konflikte und deren konstruktive Lösungen tragen wesentlich zur Verbesserung der kommunikativen Kompetenz und der sozialen Beziehungen im Schulalltag bei.

Ob die Kinder in der Lage sind, ihre Konflikte spontan zu lösen, hängt allerdings von der Bewertung des Konfliktes, der Versöhnungsbereitschaft* und von dem Verhaltensrepertoire der Kinder ab.

Konfliktarten

Zwischen konstruktiven/kooperativen und destruktiven Konflikten ist zu unterscheiden.

Während einer konstruktiven/kooperativen Konfliktlösung wird die Person des Gegenübers nicht angegriffen. Eine positive Lösungsmöglichkeit besteht aus einem Kompromiss mit dem Einverständnis beider Seiten. Somit wird ein Gleichgewicht geschaffen, das die ehemaligen Konfliktpartner zu anderen Handlungen führt, ohne den bisherigen Konflikt wieder „aufzuwärmen".

Destruktive Konflikte hingegen tendieren dazu, sich auszubreiten und hochzuschaukeln, weil die Beteiligten ihr Verhalten und ihre Motive für richtiger halten. Selbst wenn die Ursachen bereits beseitigt oder vergessen sind, schwelen diese Konflikte weiter.

Zur Reduzierung und Beherrschbarkeit von Konflikten bringt Kleiter den Aspekt der Versöhnungsbereitschaft* ein. Er misst der Versöhnungsbereitschaft eine zentrale Bedeutung bei der Konfliktbearbeitung bei, da sie das Verhalten vor, während und nach einem Konflikt regelt. Nach Kleister fördert Versöhnlichkeit die Konfliktreduzierung und führt zur Deeskalation. Im Gegenzug dazu stützt und verschärft Unversöhnlichkeit die Eskalation.

Der Grad der Versöhnungsbereitschaft entscheidet auch über die Wahl der Konfliktstrategie:
- destruktives Konfliktmanagement (Streitbereitschaft/Kampf/Aggression)
- konstruktives und kooperatives Konfliktmanagement (Vermeidung/Harmonisierung, Nachgeben/Rückzug)

Konfliktbeendung

Konflikte können auf drei Weisen beendet werden:
(1) looser – looser (Verlierer – Verlierer):
Alle Beteiligten sind am Ende des Streits Verlierer mit einem Konfliktausgang, der die Beziehung weiterhin stark belastet.
(2) winner – looser (Gewinner – Verlierer):
Auf Grund von Normen, Regeln oder Rechtspositionen wird abgeleitet, wer im Recht ist – oder die jeweilige Machtposition wird genutzt, um die eigenen Interessen durchzusetzen. Auch hier wird der Konflikt weiter anhalten, weil Verlierer oft nach Rache sinnen und auch Sieger sich nicht immer friedlich verhalten.
(3) win – win (Gewinner – Gewinner):
Alle Beteiligten sind Gewinner durch die gemeinsam gesuchte und gefundene zufriedenstellende Lösung mit einem Interessenausgleich.

Konfliktlösestrategien

Die konstruktive und kooperative Konfliktlösestrategie wird als besonders brauchbare Strategie betrachtet, weil die Beteiligten – in kooperativer Lösungsfindung mit einem Ausgleich ihrer Interessen – zu einer beide Seiten zufriedenstellenden Regelung gelangen (win-win-Lösung).

Diese konstruktive und kooperative Konfliktlösestrategie benötigt rationales, mehrschrittiges Vorgehen, um nach Besemer nicht nur eine kognitive Umstrukturierung zu erreichen, sondern eine koordinierte Veränderung der jeweiligen Motive herbeizuführen.
Wichtige Schritte sind:
• Systematisch die Rangfolge der Bearbeitung festlegen.
• Annahmen, Erwartungen und Lösungsvorschläge verbalisieren und dadurch dem Gegenüber zur Kenntnis geben.
• Unter Offenlegung der Gefühle – in den anderen nicht verletzender Weise – sollen wirksame Lösungsmöglichkeiten gesucht werden.
• Vor der Entscheidung diverse verschiedene Handlungsmöglichkeiten überdenken.
• Lösungsmöglichkeiten auf die Interessen und nicht auf die Positionen auszurichten, um die Bedürfnisse zu berücksichtigen.
• Zwischen der Person und dem Problem unterscheiden.

Andere Konfliktlösestrategien

Im Alltag praktizierte Strategien sind auch:
• Ignorieren des Konfliktes,
• Vertagen,
• Abreagieren des aufgestauten Ärgers (z.B. Sport treiben, musizieren usw.),
• Entspannungsübung,
• Zufallsentscheidung (Vorteil: Bringt schnell eine klare Entscheidung. Diese Form der Konfliktbewältigung muss vorher von beiden Parteien festgelegt werden. Nachteil: Es gibt immer einen Gewinner und einen Verlierer – was zu neuen Konflikten beitragen kann.).

Diese Lösungsstrategien sind
• bei kleinen Konflikten manchmal sinnvoll,
• weniger zeitaufwändig,
• geeignet, durch einen gewissen Abstand neue Sichtweisen zu eröffnen.

Aber: Da die Konfliktursachen nicht ausgeschaltet werden, haben diese Formen der Konfliktbewältigung den Nachteil, dass sie langfristig gesehen meist unbefriedigend sind.

Weitere Lösungsstrategien dienen in erster Linie der eigenen Beruhigung und nicht der Verbesserung menschlichen Zusammenlebens:
• Abbrechen der Beziehung,
• Abreagieren an unbeteiligten Personen,
• sich auf anerkannte Regeln, Normen oder Rechtspositionen berufen.

Konfliktanlässe für Kinder im Vor- und Grundschulalter

Als typische und immer wiederkehrende Situationen, die Konflikte zwischen Kindern verursachen, gelten auch nach den Untersuchungen des Deutschen Jugendinstituts:
• Streit um Platz, Material, Spielgerät,
• Streit um Positionen, Rollen oder die Rangfolge,
• Streit beim Aufstellen von Regeln,
• Streit durch spielimmanente Störungen (z.B. beim Festlegen der Spielidee oder -rollen),
• Streit durch Ärgern und Provozieren anderer,
• Streit aus territorialen Übergriffen bzw. Androhung eines Übergriffs,
• Streit aus Enttäuschung über einen „Freund",
• Streit durch Einmischen,
• Streit, weil aus Spaß oder Versehen Ernst wird.

Streitverhalten bei Kindern

Beobachtete Stufen der Konfliktbearbeitung: Entwicklungspsychologisch gesehen ändern sich die Verhaltensweisen von Kindern in Konfliktsituationen fließend und nicht in starr festgelegten Stufen. Dennoch erfolgt hier der Übersicht wegen eine kategorisierende Einteilung.

1. Fünf- bis sechsjährige Kinder regeln einen Streit im Wesentlichen noch mit Körpersprache. Auseinandersetzungen finden auf dieser Handlungsebene statt (z.B. nimmt einer dem anderen etwas weg, worauf mit Handgreiflichkeiten reagiert wird). Physische Aggression zur Konfliktlösung tritt erfahrungsgemäß in den Hintergrund. Der Streit wird beendet mit einfachem Auseinandergehen oder durch bestimmte Rituale

wie Vertragen (z. B. „Ich will mich wieder vertragen." oder „Ich will wieder mit dir spielen.")

2. Sechs- bis achtjährige Kinder führen ihre Auseinandersetzungen hauptsächlich körperlich, aber oft schon verbunden mit ausdrucksstarker, gewalttätiger Sprache aus. Der Streit ist noch identisch mit „Aneinandergeraten".

3. Acht- bis zehnjährige Kinder gehen ihren Konflikt nun bereits auf sprachlicher Ebene an, dennoch verlagert sich die Austragung dann doch noch häufig auf die körperliche Ebene. Jetzt mehren sich als Auslöser die psychologischen Sachverhalte (z. B. wenn die Erwartungen des Freundes enttäuscht werden). Die Lösungsvorschläge lauten deshalb, dass die Streit auslösende Handlung konkret oder symbolisch rückgängig gemacht werden soll:
• den Schaden wieder gutmachen oder
• sich entschuldigen.
Nach Oswald wird dieser Form der Konfliktaustragung eine positive sozialisatorische Funktion zugeschrieben. Er geht davon aus, dass viele gewalttätige Handlungen zur Lebenswelt der Kinder gehören und dass sie eher als Sanktionen auf Normbrüche zu sehen sind, die zur Wiederherstellung der Ordnung oder als Tobe-Spiele dienen.

4. Zehn- bis zwölfjährige Kinder unterscheiden die körperliche und die verbale Auseinandersetzung. Sie tragen einen Konflikt stark sprachlich aus und können sich immer mehr in die Perspektive des anderen hineinfühlen und deshalb Argumente des Gegenübers verstehen. Nicht involvierte Kinder sind fähig zu Lösungsvorschlägen, die für beide Seiten akzeptabel sind. Auch den Streitbeteiligten selber gelingt es durchaus, einen Streit gemäß einer win-win-Lösung zu beenden. Dazu benötigen sie die Hinführung zu einer konstruktiven Konfliktlösestrategie und nach Hagedorn die Möglichkeit, eigenverantwortlich in Kindergemeinschaften Regelungen und Beschlüsse zu finden.

Allerdings:
Ob die Kinder in der Lage sind, ihre Konflikte spontan zu lösen, hängt ab
• von ihrer Bewertung des Konflikts,
• von ihrer Versöhnungsbereitschaft und
• von ihrem Verhaltensrepertoire.

* Kleiter, E. F. (2003). Konflikt und Versöhnung. Über den empirischen Zusammenhang von Konflikt und Versöhnungsbereitschaft bei Kindern, Jugendlichen und Erwachsenen. Lengerich/Berlin/Bremen/Miami/Riga/Viernheim/Wien/Zagreb: PABST Science Publishers.

Ankern

5

Das Konzept des Ankerns basiert auf den Arbeiten des russischen Neurophysiologen Pawlov, der den Speichelfluss von Hunden untersuchte. Er konditionierte seine Versuchshunde so, dass sie bereits beim Erklingen einer Glocke Speichel produzierten, indem er ihnen beibrachte, das Läuten der Glocke mit Futter in Verbindung zu bringen. Bekannt geworden als Pawlov'sche Konditionierung ist dieses Erlernen von Reiz-Reaktions-Mustern als eine Art Ursache/Wirkungs-Mechanismus.

Auch für uns Menschen gilt, dass manche unserer Sinneseindrücke durch unbewusste sensorische Assoziationen mit automatischen Reaktionen verbunden sind.

Solche Reiz-Reaktions-Muster sind eigentlich jedem hinreichend bekannt: ein bestimmter Geruch versetzt uns zurück in die Kindheit und eine bestimmte Melodie in die frühere Tanzstunde; die Berührung eines Stoffes oder auch ein Parfum wecken bestimmte Erinnerungen, die automatisch hervorgerufen werden.

Alles, was wir erleben und sinnlich wahrnehmend speichern, kann durch einen Auslöser erinnert werden. Jeder Sinneseindruck kann Auslöser sein: ein visueller (sehen), auditiver (hören), kinästhetischer (fühlen – taktil: die sensorischen Empfindungen auf der Haut beziehungsweise propriozeptiv: die sensorische Rückmeldung der Muskulatur und andere körperinterne Empfindungen), olfaktorischer (riechen) oder gustatorischer (schmecken). – Und Auslöser finden sich in unserer Umwelt fast überall, sei es ein Geruch, ein Bild, ein Ton …

Für uns Menschen gilt, wenn die Erfahrung erinnert wird, können gleichzeitig alle gespeicherten Repräsentationen, die Modalitäten (**v**isuell, **a**uditiv, **k**inästhetisch, **o**lfaktorisch, **g**ustatorisch → vakog) der sinnlichen Wahrnehmung wieder abgerufen werden. Zum Beispiel kann allein der Gedanke an das Hineinbeißen in eine Zitrone zum vermehrten Speichelfluss führen.

Somit können Sinneseindrücke bei uns oft Gefühle, Gedanken und Reaktionen wecken und umgekehrt Erfahrungen Sinneseindrücke hervorrufen.

Dieses Phänomen wird im NLP* durch das „Ankern" genutzt, welches auf der Verknüpfung der Sinneseindrücke mit einer Erfahrung beruht, um positive Erfahrungen bewusst wieder zu erinnern und abrufbar zu machen. Hierzu wird absichtlich ein gewünschter Gefühlszustand an einem Auslöser verankert, sodass dieser Gefühlszustand bei Anwendung des Ankers wieder aktiviert wird.

Der Anker kann eine Geste, eine Berührung, ein Bild, aber auch ein Ton, ein Wort oder ein Geruch sein. Grundsätzlich kann jeder Sinneseindruck als Anker eingesetzt werden.

Wie kann geankert werden?

Anker können in allen Lebenslagen geschaffen werden. Das geschieht oft, beispielsweise dann, wenn wir unbewusst ein Signal mit einem Gefühlszustand (eine bekannte Stimme) oder ein Signal mit einer Handlung (rote Ampel) in Verbindung bringen.

Das Ankern, bei dem ein äußerer Reiz mit einem inneren Zustand gekoppelt und eine neurologische Verbindung zwischen dem Stimulus und dem Zustand hergestellt wird, lässt sich besonders gut zum Zeitpunkt eines intensiven Bewusstseinszustandes erreichen – also im entspannten Zustand der Ruhe und Gelassenheit, weil hier störende äußere Reize und Gedanken ausgeschaltet werden und die Motorik zur Ruhe kommt. Innere Bilder können jetzt entstehen, die umso wirksamer sind, je anschaulicher sie sind. Diese Anschaulichkeit kann mit Hilfe der Submodalitäten intensiviert werden.

Submodalitäten sind die nächst kleineren Bausteine des subjektiven Erlebens, mit denen wir die sinnesspezifischen Unterscheidungen treffen. Bilder beispielsweise können bunt oder schwarzweiß, nah oder fern, mit Rahmen oder wie ein Panorama, in grellen oder pastellen Farben, starr oder bewegt sein. Innerhalb jeder Modalität sind verschiedene Submodalitäten zu unterscheiden, z. B.
• im visuellen Bereich: hell – dunkel, farbig – schwarzweiß, nah – fern, scharf – verschwommen …

- im auditiven Bereich: laut – leise, tief – hoch, deutlich – undeutlich …
- im kinästhetischen Bereich: warm – kalt, fest – weich …
- im olfaktorischen Bereich: wohlriechend – stinkend …
- im gustatorischen Bereich: süß – sauer, fruchtig – herb …

Beim Ankerprozess wird die Aufmerksamkeit darauf gelegt, was jemand inhaltlich repräsentiert, z. B. was er sieht, hört und fühlt. Wenn zudem der Fokus mit Hilfe zahlreicher Submodalitäten auf die Beschaffenheit des inneren Bildes, des inneren Klanges oder des inneren Gefühls gelenkt wird, wird die Effektivität des Ankerns gesteigert.

Resümee

Das Ankern als NLP-Methode bietet den Vorteil, dass sie als praktisch anwendbares Element schnell zur Verfügung steht. Die Grundlagen sind leicht erlernbar und die gesteckten Ziele lassen sich rasch erreichen.

Kritiker warnen zwar vor Nebenwirkungen, weil Elemente des NLP zum Teil tiefgreifende Veränderungsprozesse auslösen könnten. Hintergrund sei die Tatsache, dass ein ausschließlich NLP-ausgebildeter Berater die fachkundige Begleitung von Patienten mit starken psychischen Problemen in der Regel nicht leisten könne. Dem ist voll zuzustimmen, denn die Beratung von Patienten mit psychischen Problemen gehört in die Hand von entsprechend geschulten Experten.

Und selbstverständlich darf der Lehrer mit den Schülern keine Therapie im herkömmlichen Sinne durchführen.

Da sich NLP aber mit der kommunikativen Steuerung von Prozessen befasst, ergeben sich automatisch Verbindungen zur Pädagogik. So lässt sich manches ohne den Anspruch auf therapeutische Behandlung als sinnvoll und nützlich im Unterricht verwenden.

Das Ankern als Vorgang, bei dem ein äußerer Reiz mit einem inneren Zustand gekoppelt wird, finden wir häufig im Unterricht. Beispielsweise dienen Ruheplakate oder das Handheben, Triangel- und Glockentöne als Signal, um einen Zustand der Ruhe in der Klasse zu erzielen.

Und natürlich entsteht die Fragestellung der Manipulationsmöglichkeit. Doch machen wir uns klar: Jedes Verhalten hat kommunikativen Charakter. Durch jede verbale oder nonverbale Kommunikation kann manipuliert werden. – Und nach Watzlawick kann man nicht „nichtkommunizieren".

Deshalb ist es wichtig, im Unterricht verantwortlich zu kommunizieren.

* Das Neuro-Linguistische Programmieren (NLP) gilt als Konzept für Kommunikation und Veränderung. Es untersucht die Muster oder die »Programmierung«, die durch die Interaktion zwischen dem Gehirn (Neuro), der Sprache (Linguistik) und dem Körper geschaffen wird und durch die sowohl effektives als auch ineffektives Verhalten hervorgebracht wird.

Aktives Zuhören

6

Zuhören

Zuhören heißt:
hin-hören;
inne-werden;
den, dem man zuhört,
an-nehmen,
gelten lassen,
ernst nehmen.

Ein Mensch,
der zuhören kann,
hat Seltenheitswert.
Manchmal kann einer,
der zuhört, wichtiger sein
als ein Stück Brot.
(Quelle unbekannt)

Nach Knill[1] ist für eine konstruktive Gesprächsführung das aufmerksame Zuhören genauso
wichtig wie das klare und verständliche Reden.

Das Bemühen, das eigentliche Anliegen des
anderen zu verstehen, wird aber erst durch das
Aktive Zuhören erreicht. Der humanistische
Psychologe Carl Rogers wandte es in seiner
klientenzentrierten Gesprächstherapie als eigene
Methode an, um
- durch eigeninteressefreie Distanz dem Gesprächspartner Aufrichtigkeit, Interesse, Wertschätzung und Akzeptanz entgegenzubringen,
- den Gesprächspartner zu unterstützen und ihn
  dahin zu führen, selbst Lösungen für seine
  eigenen Probleme zu finden.

Aktives Zuhören beinhaltet die wichtige
Fähigkeit,
- sich in den Gesprächspartner einzufühlen,
- einen persönlichen Kontakt in entspannter
  Gesprächsatmosphäre herzustellen,
- dem Gesprächspartner Aufmerksamkeit
  entgegenzubringen und
- während des Gesprächs mitzudenken.

Zudem werden durch Zeichen der verbalen
und nonverbalen Kommunikation dem Partner
verdeutlicht,

- dass man an ihm Interesse hat und ihm
  zuhören will,
- dass man sich auf ihn konzentriert und
- dass man versucht, ihn zu verstehen und zu
  ermutigen (nicht gemeint ist parteiliche
  Stellungnahme).

Aktives Zuhören bedeutet also durch Körpersprache und Sprache dem Gesprächspartner
Verständnis und Unterstützung zu vermitteln
durch
- eine ruhige, zugewandte, freundliche und
  entspannte Körperhaltung,
- Blickkontakt (kein Anstarren),
- weitere nonverbale Äußerungen wie Nicken
  mit dem Kopf, sich vorbeugen, lächeln und
  andere körperliche Bewegungen, die Aufmerksamkeit signalisieren und zum Weitererzählen
  ermuntern,
- paraverbale Kurzreaktionen, wie „Oh" und
  „Aha", die den Eindruck des Interesses vermitteln,
- Pausen zulassen und sich selber zurück-
  nehmen,
- Paraphrasieren/Spiegeln des Gesagten
  (zusammenfassen, was der andere gesagt hat),
- Nachfragen bei Unklarheiten,
- Erkennen und Ansprechen der Gefühle
  des Partners,
- Achten auf eigene Gefühle, Distanz schaffen,
- Verbalisieren der Gefühle des Gegenübers
  durch Spiegeln wie „Das hat dich sehr
  geärgert",
- Feedback geben, um Missverständnissen
  vorzubeugen.

Positive Effekte hat die Methode des Aktiven
Zuhörens auf die Förderung und Entwicklung
- der konstruktiven Konfliktlösung sowie
  der sozial-emotionalen Kompetenz durch
  verbesserte Gesprächsführung,
- Sensibilität und Erkennen/Verstehen nonverbalen Verhaltens (Mimik und Gestik) und
  der Stimme,
- Schulung der Wahrnehmungsfähigkeit,
- Entschärfen und Lösen von Konflikten,
- tolerantes und akzeptierendes Verhalten
  anderen gegenüber.

Faustregeln für eine förderliche Kommunikation	
Ich-Botschaften	**Aktives Zuhören**
• dem anderen nie sagen, was er zu tun, zu denken hat usw. • bei sich bleiben • Transparenz herstellen zu … • passende Distanz halten	✓ nicht kommentieren ✓ nicht ausfragen ✓ nicht von sich reden • beschreiben • wiederholen • nachfragen ❖ sich einfühlen ❖ Akzeptanz übermitteln ❖ nonverbale Signale der Aufmerksamkeit, der Zustimmung setzen ❖ Interesse bekunden ❖ Mitgefühl zeigen ❖ Missverständnisse klären ❖ Trost / Mut zusprechen

Während des Projekts „Sich selbst behaupten und Konflikte lösen" kann in den dritten Klassen Folgendes nur eingeschränkt angeboten/geübt werden, da der Gebrauch dieser Verfahren die meisten Kinder dieser Altersstufe überfordern würde:
• Das Verwenden so genannter „Türöffner" (→ offene oder auf Konkretisierung zielende Fragen ohne Bewertung des Gesagten).
• Zur Konflikterhellung nach Besemer das Offenlegen von versteckten Gefühlen und Verdeutlichen der Hintergründe des Problems, die sich hinter den Fakten verbergen.
Das Aktive Zuhören kann nur in seiner Vorstufe als gutes Zuhören entwickelt werden.

Übungen zum Erfahren, wie Kommunikation funktioniert

Nach Mitschka laufen bestimmte körpersprachliche Signale teilbewusst ab. So bemerken wir in der Regel selbst bestimmte Veränderungen unserer Mimik; über längere Zeiträume hinweg nehmen wir diese Veränderungen jedoch nicht wahr und können diese auch nicht bewusst zur Kommunikation einsetzen.

Ziele der Übungen:
Auf spielerische Weise werden den Kindern wichtige Techniken der Gesprächsführung vermittelt, wie beispielsweise
• das Herausfiltern des Hauptgedankens,
• das Paraphrasieren (mit eigenen Worten Gehörtes zusammenfassen),

• das nonverbale Feedbackgeben wie Blickkontakt, Nicken …,
• die verbale Unterstützung durch Kurzäußerungen.

Übung 1 (Partnerübung):
→ Kommunikation ohne Blickkontakt und ohne Antwortverhalten und damit ohne Feedback des Interaktionspartners:
• Zwei Kinder setzen sich Rücken an Rücken.
• Innerhalb der Zeit von zwei Minuten erzählt das eine Kind dem anderen das, was ihm gerade einfällt.
• Das zweite Kind hat die Aufgabe, gut zuzuhören, um im Anschluss alles wiederholen zu können.
• Kinder reflektieren ihre Erfahrungen.
Ziel der Übung: Die Schüler sollen erfahren, dass das Zuhören ohne Blickkontakt, Mimik und Gestik schwer fällt und beim Redner den Wunsch erzeugt, das Gespräch abzubrechen.

Übung 2 (Partnerübung):
→ Kommunikation mit Blickkontakt ohne Antwortverhalten des Interaktionspartners:
• Zwei Kinder setzen sich mit dem Gesicht einander zugewandt vor die Klasse.
• Innerhalb der Zeit von zwei Minuten erzählt das eine Kind dem anderen das, was ihm gerade einfällt.
• Das zweite Kind hat die Aufgabe, lediglich durch nonverbales Feedback – jedoch ohne zu antworten – gut zuzuhören, um im Anschluss alles wiederholen zu können.
• Kinder reflektieren ihre Erfahrungen.

Ziel der Übung: Die Schüler sollen erfahren, dass ohne verbale Unterstützung durch Kurzäußerungen der Eindruck desinteressierten Zuhörens entsteht.

Übung 3 (Partnerübung):
→ Kommunikation mit Blickkontakt mit Antwortverhalten des Interaktionspartners:
• Zwei Kinder setzen sich mit dem Gesicht einander zugewandt vor die Klasse.
• Sie dürfen sich jetzt „normal" unterhalten.
• Kinder reflektieren ihre Erfahrungen.
Ziel der Übung: Die Schüler sollen erfahren, wie wichtig der Blickkontakt und das verbale und nonverbale Feedback des anderen sind, weil durch diese Techniken des aktiven Zuhörens dem anderen das Gefühl vermittelt wird, verstanden worden zu sein.

Übung 4 (Dreier-Gruppenübung):
→ Übung zur selektiven Wahrnehmung (vgl. Petermann[2]):
„Erzähle mir ein Märchen":
• Drei Kinder (A, B und C) verlassen den Raum.
• Den anderen Kindern wird eine kurze Geschichte vorgelesen.
• Anschließend erhält ein Kind dieser Klasse die Aufgabe, die eben gehörte Geschichte so genau wie möglich dem wieder hereingerufenen Kind A weiterzuerzählen.
• Als nächstes soll Kind A das Gehörte an Kind B weitergeben, dann Kind B an Kind C und abschließend erzählt Kind C die Geschichte.

Ziel der Übung: Die Kinder sollen erkennen, dass häufig nicht genau zugehört wird und dadurch Details vergessen oder hinzu gedichtet werden. Ihnen soll klar werden, dass nach dem Prinzip der selektiven Wahrnehmung die Aufmerksamkeit auf die Dinge gerichtet wird, die einem persönlich wichtig sind, und dass somit auch nur diese weitergegeben werden.

Geflügelte Worte zur Kommunikation:

Paul Watzlawick: „Man kann nicht ‚nicht kommunizieren'."

Friedrich Nietzsche: „Man lügt zwar mit dem Mund, mit dem Maul, das man dabei macht, sagt man doch die Wahrheit."

Christian Morgenstern: „Der Körper ist der Übersetzer der Seele ins Sichtbare."

Seneca: „Vultus loquitur quodcumque tegis." (Deine Miene spricht aus, was auch immer du verheimlichst.)

1 Knill, Hildegard (1998). Hören – Hinhören – Zuhören. www.rhetorik.ch/Hoeren/Hoeren.html
2 Petermann, F. (1997). Sozialtraining in der Schule. Weinheim: Psychologie Verlags Union, S. 203

7

Gewaltfreie Kommunikation

Marshall Rosenberg hat das Konzept der Gewaltfreien Kommunikation (GFK), englisch Non-
violent Communication (NVC), entwickelt. Er
selbst erklärt, dass sein Konzept nichts Neues
beinhalte, sondern nur Altbekanntes integriere.

In der Gewaltfreien Kommunikation geht es
um Gewinn durch Verständigung ohne Bewertung, Kritik oder Schuldzuweisung, Verallgemeinerungen oder Voraussagen.

Es geht nicht um Sieger und Verlierer in
Konfliktsituationen. So werden Schwächen des
Kontrahenten nicht ausgenutzt, Beurteilungen
und Interpretationen vermieden, keine Forde-
rungen erhoben und nicht um Positionen
gekämpft.

Im Mittelpunkt der Gewaltfreien Kommunikation steht der Austausch der Interessen in
Form von Einfühlung und Selbstbehauptung.
Konflikte werden bedürfnis- und interessen-
orientiert betrachtet und als Chance zu konstruktiven Lösungen verstanden, die über einen Kompromiss hinausgehen und für beide Seiten zur
Zufriedenheit führen („win-win-Lösungen").

Rosenberg zeigt vier wichtige Schritte der Verständigung auf und legt besonderen Wert auf folgendes Verhalten im Kommunikationsprozess:
• Beobachtungen benennen (ohne Bewertung,
  Schuldzuschreibung, Verallgemeinerungen
  wie „nie", „immer"),
• vorhandene Gefühle ausdrücken (ohne sich
  hinter eventuellen Gefühlen anderer zu verbergen, ausgedrückt durch „man ..." – statt-
  dessen eigene Gefühle verbalisieren → Ich-
  Botschaften verwenden),
• Bedürfnisse formulieren und als Erklärung für
  unsere Gefühle offen legen (Mit Aussagen wie
  „weil ich" / „weil du" beginnen und die Wahr-
  scheinlichkeit verringert sich, dass sich andere
  verantwortlich oder schuldig fühlen.),
• Bitten und Wünsche klar und konkret äußern,
  um zukünftig die Bedürfnisse besser erfüllt zu
  bekommen/zu erfüllen.

Seit einigen Jahren bietet Rosenberg auch in
Deutschland Seminare mit zwei Handpuppen als
Protagonisten des sehr unterschiedlichen
(Sprach-)Verhaltens an: Wolf und Giraffe.

In diesem Kommunikationsmodell wird der
Giraffe als Landtier mit dem „größten Herzen"
und dem längsten Hals ein guter Überblick über
alles, was um sie herum geschieht, zugesprochen.
Sie dient daher als Metapher für ein positives
und einfühlsames Verhalten, für Liebe und
Weitsicht. Diese interpretierten Eigenschaften
ermöglichen es, Konflikte vorausschauend und
einfühlsam zu bewältigen. So kann die „Giraffe"
eine Kommunikationssituation gut einschätzen,
ist empathisch, handelt und kommuniziert verantwortlich und spricht offen über ihre Gefühle
und Bedürfnisse. Die Giraffensprache ist geprägt
von Ehrlichkeit und vom Bemühen um einen
achtsamen Umgang miteinander.

Der Wolf hingegen zeigt keine Gefühle. Er be-
fiehlt, fällt Werturteile, klagt an und macht andere schlecht und diagnostiziert die Menschen
(„Du bist dumm!"). Der Wolf steht als Metapher
für das, was die Kommunikation erschwert.
Rosenberg nennt unseren „normalen" sozialen
Umgangston „Wolfssprache". Die Wolfssprache
ist geprägt von Schuldzuweisungen, Bewertun-
gen und Verallgemeinerungen. Verantwortung
wird auf andere abgewälzt.

Mit der sehr anschaulichen und nachvollzieh-
baren „Giraffen- und Wolfssprache" kann die
Existenz förderlicher und hinderlicher Kommu-
nikationsstrategien bereits Grundschülern verdeutlicht werden.

Im Unterricht wird die Wolfssprache nicht
übend vertieft, weil wir den Fokus auf förder-
liches Kommunikationsverhalten und damit auf
die Giraffensprache legen.

Der Einsatz von Handpuppen ist als Hilfsmit-
tel sinnvoll. Wir haben uns aus Kostengründen
für den Eigenbau von einfachen Stabpuppen mit
Wolfs- und Giraffenköpfen aus Pappe entschie-
den, was die Schüler ebenfalls zu einem bewussten Rollenverhalten führt.

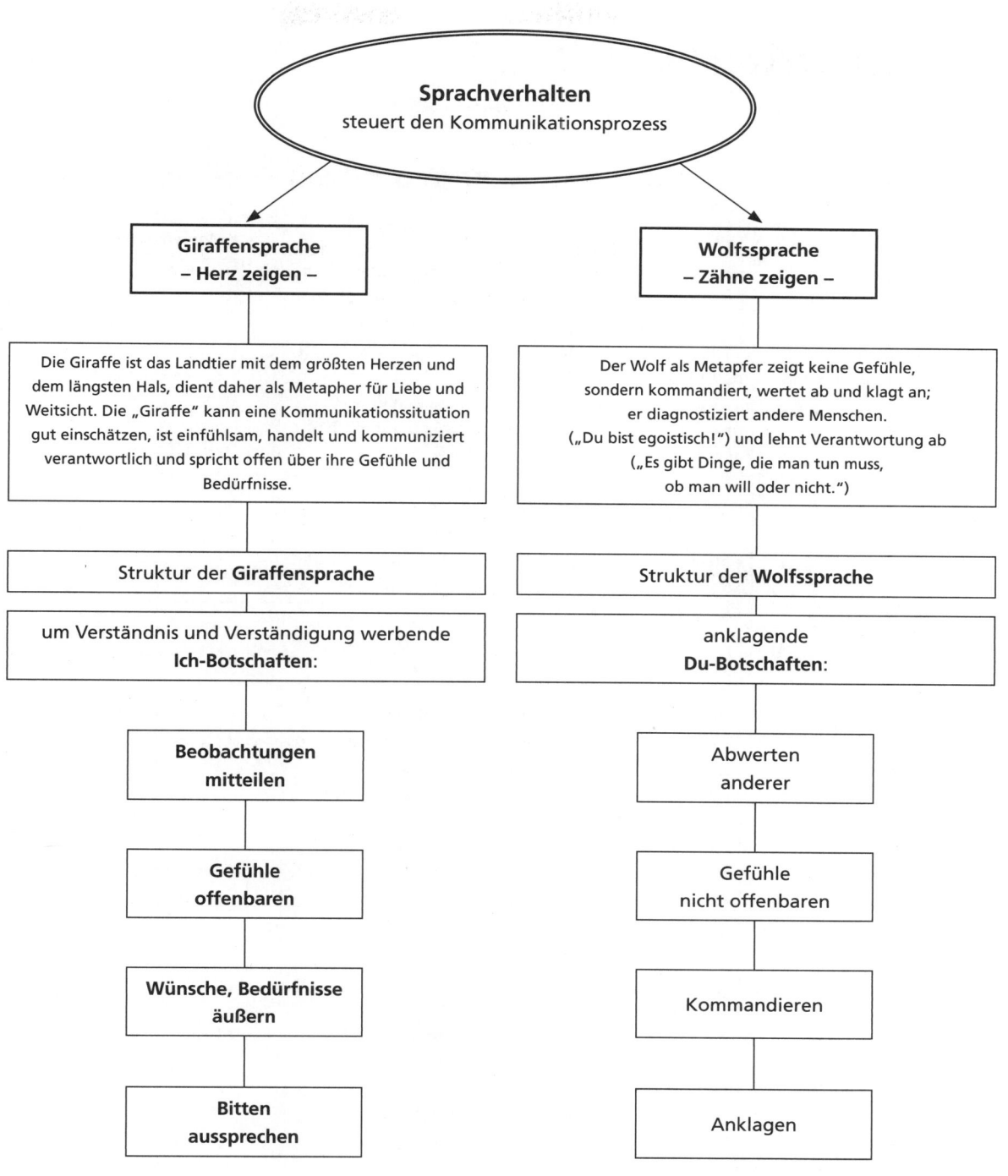

```
                    ┌─────────────────────────┐
                    │     Sprachverhalten      │
                    │ steuert den Kommunikationsprozess │
                    └─────────────────────────┘
```

Sprachverhalten
steuert den Kommunikationsprozess

Giraffensprache – Herz zeigen –	**Wolfssprache** – Zähne zeigen –
Die Giraffe ist das Landtier mit dem größten Herzen und dem längsten Hals, dient daher als Metapher für Liebe und Weitsicht. Die „Giraffe" kann eine Kommunikationssituation gut einschätzen, ist einfühlsam, handelt und kommuniziert verantwortlich und spricht offen über ihre Gefühle und Bedürfnisse.	Der Wolf als Metapfer zeigt keine Gefühle, sondern kommandiert, wertet ab und klagt an; er diagnostiziert andere Menschen. („Du bist egoistisch!") und lehnt Verantwortung ab („Es gibt Dinge, die man tun muss, ob man will oder nicht.")
Struktur der **Giraffensprache**	Struktur der **Wolfssprache**
um Verständnis und Verständigung werbende **Ich-Botschaften:**	anklagende **Du-Botschaften:**
Beobachtungen mitteilen	Abwerten anderer
Gefühle offenbaren	Gefühle nicht offenbaren
Wünsche, Bedürfnisse äußern	Kommandieren
Bitten aussprechen	Anklagen

Beispiele für die Giraffensprache (nach Rosenberg)

Der Wolf sagt z. B.: „Immer latschst du mit deinen Dreck-Potten durch den Flur und ich darf den ganzen Kram wieder sauber machen, dir ist es völlig egal, wie es hier aussieht, du machst mich rasend!"

Das gleiche auf „Giraffisch": „Oh, ich sehe gerade, dass du mit schmutzigen Schuhen in den Flur kommen willst. Ich ärgere mich darüber, weil ich mich nur wohl fühle, wenn die ganze Wohnung einschließlich Flur sauber ist. Kannst du bitte deine Schuhe ausziehen und sie vor der Tür stehenlassen."

– **Beobachtungen mitteilen** (ohne Wertung): „Schuhe", nicht, „Dreck-Potten"
– Gefühle offenbaren: „Ich ärgere mich."
– Wünsche, Bedürfnisse äußern: „Ich fühle mich nur in einer sauberen Wohnung wohl."
– Bitten: „Bitte ziehe deine Schuhe aus ..."

Durchführungsplan 1

Erkennen eigener Gefühle und Ankern positiver Gefühle

Lernziele:	Unterrichtsschritte	◆ Medien / ● Sozialform
LZ 1: Schüler sollen erkennen, dass jeder in Distress-Situationen mit entsprechenden Gefühlen kommen kann.	L stellt kurz den Stundeninhalt vor: *„Wir wollen uns heute mit unseren positiven Gefühlen beschäftigen – ein wenig auch mit unseren negativen Gefühlen. Wir werden versuchen, unsere guten Gefühle so in uns wirken zu lassen, dass sie uns gute Helfer sein können."* ▶ Stummer L-Impuls durch das Aufzeigen eines Fotos, das Freundlichkeit, Partnerschaftlichkeit, Friedlichkeit ausstrahlt. S beschreiben ihre Eindrücke. ▶ L-Impuls: *„Und das ist bei uns allen immer so?"* S erklären das oft vorkommende abweichende Verhalten. ▶ L-Impuls: *„Vielleicht habt ihr schon heute oder gestern Streit/Kummer/Angst, also Stress gehabt bei oder mit Eltern, Lehrern, Mitschülern, Freunden …?"* S erzählen ihre Erlebnisse. ▶ L-Impuls: *„Wie habt ihr euch dabei gefühlt?"* ▶ S beschreiben ihre Gefühle. S nennen ggf. auch Angstzustände bei Albträumen. Deshalb ist es in jedem Fall nötig, nach Distanzierungsmöglichkeiten zu fragen: *„Wie habt ihr euch in diesen Momenten geholfen, die Angst/den Stress abzubauen?"* Mögliche Antworten: Wasser trinken. Tief Luft holen. Laut pfeifen. Mit dem Finger schnipsen und sagen: „Ich kann zaubern, geh weg!" Sich umdrehen … ▶ L notiert Stichworte, die in einer der folgenden Stunden wieder aufgegriffen werden, clusterartig an die Tafel.	● Sitzkreis ◆ KV 1 – Harmonie-Foto ● Unterrichtsgespräch ◆ Tafelanschrieb (in Clusterform)
LZ 2: Schüler lernen Distanzierungsmöglichkeiten anderer kennen.		
LZ 3: Schüler sollen eine stressbelastete Situation visualisieren, aber sich nicht zu tief hineinbegeben, da der Fokus auf dem Ankern eines positiven Gefühls liegt.	▶ L-Impuls: *„Wie ist das, wenn ihr Angst habt – fühlt ihr sie vielleicht an einer Stelle im oder am Körper?"* ▶ S beschreiben die eventuelle Lokalisierung ihres negativen Gefühls. ▶ L-Impuls: *„Wir wollen jetzt einmal gemeinsam schauen, ob wir solch ein ungutes Gefühl am oder im eigenen Körper feststellen. Versucht doch bitte, euch jetzt gleich noch einmal in eine solche Stress-Situation hineinzuversetzen. Damit das leichter fällt, machen wir dazu eine kleine Übung. Setze dich deshalb bequem hin und achte darauf, dass beide Füße richtig auf der Erde stehen. Suche dir einen Ruhepunkt für die Augen. Ich werde gleich einige Fragen an dich stellen. Sage nicht die Antwort, sondern denke sie dir nur. Stell dir jetzt also noch einmal eine für dich stresshafte Situation vor.*	● Unterrichtsgespräch ● L-Anleitung ● Imagination

Lernziele:	Unterrichtsschritte	◆ Medien / ● Sozialform
LZ 4: Schüler sollen erkennen, dass sich Stress-Situationen körperlich äußern können.	*Du kannst dir dazu ruhig Zeit lassen. Ist es soweit, hebe bitte leicht die Hand.* *Du hast nun solch eine Situation?"* (L beobachtet die Schülerinnen und Schüler und lässt ggf. Zeit.) L fragt die Modalitäten ab: • *„Vielleicht siehst du etwas?* • *Vielleicht hörst du etwas?* • *Fühlst du vielleicht etwas? – Wie fühlst du es? – Spürst du vielleicht eine Stelle an oder in deinem Körper. Wo ist das?* *Danke schön. Sieh jetzt bitte deinen Nachbarn an und sag ‚Hallo' zu ihm."*	● Modalitätenabfrage
LZ 5: Schüler sollen erkennen, dass jeder individuelle körperliche Symptome haben kann.	▶ S erzählen, • wie es ihnen ergangen ist und welche Beobachtungen sie bei sich gemacht haben; • ob und an welcher Körperstelle sie ein negatives Gefühl gespürt haben.	● Unterrichtsgespräch
LZ 6: Schüler verbalisieren ihre Erfahrungen und sollen erkennen, dass die individuellen körperlichen Symptome innere Warnzeichen sein können, die zu einem geänderten Verhalten beitragen können.	▶ S berichten von eigenen Stress-Situationen, in denen sich bei ihnen ebensolche körperliche Symptome zeigten. L-Impuls: *„Unser Körper reagiert also auf unsere Empfindungen.* *Habt ihr auch schon einmal ein ungutes Gefühl bei drohender Gefahr gespürt?"* – S berichten wieder von ihrem Erleben. *„Ihr könnt nun also euer Wissen ganz bewusst nutzen und diese Zeichen (das Drücken im Magen usw.) als Alarmsignal beachten.* *Vielleicht könnt ihr dann euer Verhalten sogar verändern – z. B. einen gefahrlosen, belebten Weg nach Hause gehen ..."* S verbalisieren ihre Ideen und Erfahrungen.	● Unterrichtsgespräch
LZ 7: Schüler sollen erkennen, dass auch positive Erlebnisse körperlich zu orten sind.	▶ L-Impuls: *„Ihr habt vorhin schon Möglichkeiten genannt, die euch helfen, wieder aus Stress-Situationen herauszukommen."* ▶ L schaltet Musik ein und führt zur Fantasiereise hin: *„Ich möchte euch jetzt noch eine andere Möglichkeit zeigen, die euch helfen kann, mit negativen Situationen besser fertig zu werden.* *Dazu machen wir eine kleine Fantasiereise:* • *Setze dich bequem hin.* • *Beide Füße stehen auf der Erde. – Versuche die Augen zu schließen oder suche dir einen Ruhepunkt für die Augen.* (→ Dieser Hinweis ist wichtig, weil manche Schüler Hemmungen haben, ihre Augen zu schließen.) • *Spüre, wo du mit deinem Rücken den Stuhl berührst. Lass den Atem ruhig fließen.* • *Stelle dir jetzt eine für dich freudige, positive Situation vor.* • *Du kannst dir dazu ruhig Zeit lassen.* • *Ist es soweit, nicke bitte leicht mit dem Kopf.* • *Du bist nun in solch einer Situation?"* (L muss die Schülerinnen und Schüler dabei beobachten und ihnen Zeit lassen.)	◆ Entspannungsmusik ◆ CD-Player ● Fantasiereise – L-Anleitung

Lernziele:	Unterrichtsschritte	◆ Medien / ● Sozialform
LZ 8: Schüler sollen dieses positive Erlebnis mit einer Körperberührung verbinden = ankern – als weitere Distanzierungsmöglichkeit.	▶ L-Abfrage der Modalitäten und Submodalitäten: • *„Vielleicht siehst du etwas? – Was siehst du? – Ist vielleicht jemand dabei? – Ist es nah oder fern – bunt oder schwarzweiß – hell oder dunkel – groß oder klein?* • *Vielleicht hörst du etwas? – Was hörst du? – Hörst du vielleicht jemanden? Ist es vielleicht laut oder leise – hoch oder tief – nah oder fern – deutlich oder undeutlich?* • *Vielleicht riechst du etwas?* • *Schmeckst du vielleicht etwas?* • *Fühlst du vielleicht etwas? – Wie fühlst du es? – Gibt es vielleicht eine Stelle an oder in deinem Körper, wo du das fühlst? – Ist es vielleicht hart oder weich – glatt oder rau – prickelnd oder sanft – schwer oder leicht?* – *Berühre bitte jetzt diese Körperstelle mit deiner Hand. Damit hast du die Möglichkeit, immer, wenn du diese Körperstelle berührst und an diese positive Situation denkst, das positive Gefühl wieder zu spüren. Das kann dir helfen, schwierige Situationen besser zu überwinden. Bleibe noch etwas in dieser für dich guten Situation und genieße sie.* – *Und nun atme tief aus und ein. Bewege deine Hände und Füße, räkele dich und strecke dich. Überlege, wer neben dir sitzt. Öffne die Augen. Sei wieder ganz hier in diesem Raum."*	● Modalitäten- und Submodalitätenabfrage durch den Lehrer
LZ 9: Schüler verbalisieren ihre positiven Gefühle.	▶ S äußern sich. Ergänzen des Tafelbildes durch „Abrufen eines geankerten positiven Gefühls".	● Unterrichtsgespräch
LZ 10: Schüler sollen erleben, dass das Benutzen des Körperankers eine negative Stress-Situation gefühlsmäßig abmildern kann.	▶ L-Frage: *„Wollt ihr wissen, ob euer Körperanker funktioniert?* *Dazu stelle dir noch einmal die erste negative Stress-Situation vor.* *Jetzt benutze deinen Körperanker. Berühre deine Körperstelle für das positive Gefühl und fühle dich noch einmal ganz intensiv in die Situation hinein. – Wie wirkt jetzt die Stress-Situation auf dich?"* ▶ S berichten von ihren Distanzierungsgefühlen („Nicht mehr so schlimm, …" o. Ä.).	● Imagination – L-Anleitung ● Unterrichtsgespräch
LZ 11: Schüler sollen erfahren, dass allein durch die mentale Vorstellung ein positives Gefühl wieder abrufbar wird, wenn man sich in die positive Situation zurückversetzt.	▶ Hausaufgabe: S sollen ein Bild ihrer Wohlfühl-Situation malen mit der Beobachtungsaufgabe: *„Wie geht es dir beim Malen dieser positiven Situation?"*	● Einzelarbeit: Visuelles Ankern des guten Gefühls.

Zu Durchführungsplan 1:

Das Wahrnehmen der eigenen Gefühle und Bedürfnisse steht am Anfang jeder erfolgreichen Problemlösung und deshalb auch am Beginn dieses Projektes. Das Erkennen der eigenen Gefühle, die als Botschafter der Reaktion auf ein Verhalten an unser Bewusstsein betrachtet werden können, ist die Basis für die Eigen- und Fremdwahrnehmung und damit für die Entwicklung prosozialer Verhaltensweisen wie einfühlsamer und hilfsbereiter Umgang mit anderen und ein in Selbstwirksamkeit abwägendes und angemessenes Handeln.

Nicht nur das Wahrnehmen der positiven Gefühle ist für die Stärkung des Selbstwertgefühls wichtig, sondern auch die Wahrnehmung der negativen. So kann beispielsweise Ärger eine überschrittene Grenze signalisieren und gelegentliche Angstgefühle können vor Selbstüberschätzung schützen und den Hinweis darauf geben, sich zukünftig anders zu verhalten/sich auf etwas besser vorzubereiten/anders zu planen. – Gefühle geben uns somit Hinweise auf unsere eigenen Bedürfnisse. Wenn diese unbewusst bleiben oder auch verdrängt werden, kann es zu aggressiven Handlungen kommen.

Erfolgreiche und zufriedene Menschen verfügen über eine voll entwickelte Selbstwahrnehmung. Sie haben die Fähigkeit, ihre eigenen Gefühle (ohne Bewertung) zuzulassen, auszudrücken, zu zeigen und den möglichen Handlungsimpulsen zu folgen.

Der Unterrichtsablauf mit den Lehrerimpulsen und -äußerungen ist sehr kleinschrittig und detailliert gefasst, weil hier ein didaktisch methodisches Vorgehen vorgeschlagen wird, das äußerste Sensibilität und hohe Verantwortlichkeit des Lehrers erfordert. Wie bei jeder Imagination oder Fantasiereise wird der Lehrer die Reaktionen und das Wohl der Kinder stets im Auge behalten und gegebenenfalls der Situation entsprechend die Unterrichtsschritte verändern. **Da ggf. die Ankermethode nicht von jedem Lehrer befürwortet wird, steht ein alternativer Unterrichtsentwurf Durchführungsplan 1 zur Verfügung. Im Kapitel 5 „Ankern" wird auf die Problematik eingegangen und auch die Entscheidung für die Ankermethode begründet.**

8.1 Alternativer Durchführungsplan 1

Lernziele:	Unterrichtsschritte	◆ Medien / ● Sozialform
LZ 1: Schüler sollen erkennen, dass jeder in Distress-Situationen mit entsprechenden Gefühlen kommen kann.	▶ L stellt kurz den Stundeninhalt vor: „Wir wollen uns heute mit unseren positiven Gefühlen beschäftigen – ein wenig auch mit unseren negativen Gefühlen. Wir werden versuchen, unsere guten Gefühle so in uns wirken zu lassen, dass sie uns gute Helfer sein können." ▶ Stummer L-Impuls durch das Aufzeigen eines Fotos, das Freundlichkeit, Partnerschaftlichkeit, Friedlichkeit ausstrahlt. S beschreiben ihre Eindrücke. ▶ L-Impuls: „Und das ist bei uns immer so?" S erklären das oft vorkommende abweichende Verhalten. ▶ L-Impuls: „Vielleicht habt ihr heute schon oder gestern Streit/Kummer/Angst, also Stress gehabt bei oder mit Eltern, Lehrern, Mitschülern, Freunden …?" – S erzählen ihre Erlebnisse. ▶ L-Impuls: „Wie habt ihr euch dabei gefühlt?" Ss beschreiben ihre Gefühle. ▶ L-Impuls: „Ihr wisst, dass eure Eltern und andere Personen auch einmal Stress haben. Dann kann es vorkommen, dass sie das durch einen Spruch/Satz äußern."	◆ **KV 1** – Foto (Skizze/Karikatur) ● Sitzkreis ● Unterrichtsgespräch ◆ **KV 2a–b** – Satzstreifen (körperorientierte Gefühls-Redewendungen)

Lernziele:	Unterrichtsschritte	◆ Medien / ● Sozialform
LZ 2: Schüler sollen durch das Medium Sprache erkennen, dass sich Stress-Situationen körperlich äußern können.	▶ Stummer L-Impuls durch Hochzeigen eines Satzstreifens (z. B.: Das geht mir an die Nieren.). Dann folgen zwei weitere. → S erkennen anhand der Sprache/Sprüche, dass sich oft wiederholender Stress und negative/ungute Gefühle auf den Körper auswirken können. ▶ L verteilt die restlichen Satzkärtchen in der Kreismitte, die von den S vorgelesen und den Körperstellen zugeordnet werden. ▶ S berichten von eigenen unguten Gefühlen und deren körperlicher Lokalisierung.	● Unterrichtsgespräch
LZ 3: Schüler verbalisieren ihre Erfahrungen und sollen erkennen, dass die individuellen körperlichen Symptome innere Warnzeichen sein können, die zu einem geänderten Verhalten beitragen können.	▶ L-Impuls: *„Unser Körper reagiert also auf unsere Empfindungen.* *Habt ihr auch schon einmal ein solches ungutes Gefühl bei drohender Gefahr gespürt?"* ▶ S berichten wieder aus ihrem Erleben. *„Ihr könnt euer Wissen nun ganz bewusst nutzen und diese Körperzeichen (das Drücken im Magen usw.) als Alarmsignal beachten.* *Vielleicht könnt ihr dann euer Verhalten sogar verändern – z. B. einen gefahrlosen, belebten Weg nach Hause gehen …"* S verbalisieren ihre Ideen und Erfahrungen.	● Unterrichtsgespräch
LZ 4: Schüler lernen Distanzierungsmöglichkeiten anderer Kinder kennen.	▶ L-Impuls: *„Was macht ihr, um aus einem unguten Gefühl wieder herauszukommen? –* *Wie habt ihr euch in diesem Moment geholfen, die Angst/den Stress abzubauen?"* Mögliche Antworten: Wasser trinken. Tief Luft holen. Laut pfeifen. Mit dem Finger schnipsen und sagen: „Ich kann zaubern, geh weg!" Sich umdrehen … →L notiert Stichworte clusterartig an die Tafel. Diese werden in einer der folgenden Stunden wieder aufgegriffen. ▶ L: *„Ihr habt eben Möglichkeiten genannt, die euch helfen, wieder aus Stress-Situationen herauszukommen."* ▶ L-Anleitung zur Distanzierungsübung: *„Ich möchte euch jetzt noch eine andere Möglichkeit zeigen, die euch helfen kann, mit negativen Gefühlen besser fertig zu werden."* *„Zuerst machen wir noch ein kleines **Schattenspiel mit der Hand:*** *Es heißt: „Schlauer Fuchs" – und der kann uns bei der nächsten Übung helfen.* *Lege die Fingerspitzen von Daumen und Ringfinger einer Hand zusammen. Erkennst du auch die Ohren (die beiden freien Finger, der Zeige- und der Mittelfinger) im Schattenbild?* *– Jetzt mache dasselbe mit der anderen Hand."* ▶ S erzeugen ihr eigenes Schattenbild.	● Unterrichtsgespräch ◆ Tafelanschrieb clusterförmig ◆ Lichtquelle ◆ Heller Hintergrund ● Einzelarbeit

Lernziele:	Unterrichtsschritte	◆ Medien / ● Sozialform
	▶ L-Übungsanleitung: *„Jeder hat nun seinen eigenen schlauen Fuchs dargestellt.* *Und nun kann uns der schlaue Fuchs helfen, mit negativen Gefühlen besser umzugehen.* *Dazu machen wir gleich eine kleine Übung:* *Doch zuvor überlege dir eine Situation, in der du vielleicht Angst oder Stress hattest oder die dir Sorge gemacht hat, eine Situation, in der du dich nicht wohl gefühlt hast. Lass dir Zeit.* *Wenn du die Situation gefunden hast, fülle das Glas mit etwas Wasser und trinke davon.* *• Nun setze dich bequem hin.* *• Beide Füße stehen auf der Erde.* *• Spüre, wo du mit deinem Körper den Stuhl berührst.* *• Lege die Hände locker auf die Oberschenkel mit der Handfläche nach oben.* *• Nun wird dir der schlaue Fuchs helfen. Lege also wieder die Fingerspitzen von Daumen und Ringfinger jeder Hand zusammen und führe deine Hände so an die Stirn, dass nur die „Ohren (die beiden freien Finger, der Zeige- und der Mittelfinger) des schlauen Fuchses" sanft die beiden Stirnhöcker berühren. Das sind die beiden Erhebungen rechts und links zwischen den Augenbrauen und etwa zwei Finger breit unter dem Haaransatz.* *• Schließe deine Augen und lass sie langsam zuerst in die eine Richtung kreisen und dann in die andere.* *• Nun stelle dir bitte deine problematische Situation vor.* *• Beantworte bitte die Fragen, die ich dir stelle, still für dich in deinem Inneren.* *• Kannst du etwas sehen? Siehst du vielleicht Farben, Gegenstände, eine oder mehrere Personen? Sieh dich genau um.* *• Kannst du vielleicht etwas hören? Sind es Geräusche, Stimmen?* *• Fühlst du etwas? Wenn ja, was?* *• Lass die Augen weiterhin geschlossen, wiederhole diese Übung und geh zurück in die Situation, in der du dich nicht wohl fühltest. Lass dir Zeit und beobachte noch einmal was du siehst, hörst und fühlst.* (Hinweis: L. muss die Schülerinnen und Schüler dabei beobachten und ihnen Zeit lassen.) *• Wenn du genug hast, öffne die Augen und atme tief aus und ein.* *• Stell dir jetzt noch einmal die Situation vor und fühle in dich hinein.* *• Hat sich die Situation für dich vielleicht verändert?* *• Wenn ja, wie?* *• Wie geht es dir nun?"*	◆ Gläser ◆ Wasser ● Klassenverband ● Imagination eines Erlebnisses in Verbindung mit einer Körperübung aus dem Jin Shin Jyutsu (Fingermudra) – L-Anleitung ● Modalitätenabfrage durch Lehrer
LZ 5: Schüler sollen erkennen, dass durch das Berühren bestimmter Körperpunkte in Verbindung mit Gedankenvorstellungen negative Erlebnisse abgeschwächt werden können.		
LZ 6: Schüler verbalisieren ihre veränderten Gefühle und erkennen, dass diese Möglichkeit der Distanzierung zur Entlastung führen kann.	▶ S berichten ihre Erfahrungen und reflektieren das Erlebte. Ergänzen des Tafelbildes durch „Verändern eines negativen Gefühls".	● Unterrichtsgespräch

Lernziele:	Unterrichtsschritte	◆ Medien / ● Sozialform
LZ 7: Schüler sollen sich beim Erstellen des Distanzierungssymbols mit dem vorher Erlebten innerlich beschäftigen.	▶ S erstellen zu dritt den Schattenumriss ihres „schlauen Fuchses" (Der erste hält die Hand vor eine Lichtquelle, der zweite das Papier und darauf umfährt der dritte den Schatten mit einem Bleistift.) als Symbol der durchgeführten Distanzierungsmöglichkeit.	● Dreier-Gruppe ◆ Lichtquelle ◆ weißes DIN-4-Blatt
LZ 8: Schüler erfahren, dass es ihnen gut tut, selber freundlich zu sein und von anderen freundlich behandelt zu werden. Sie erfahren, dass durch freundliches Verhalten des anderen sich die eigenen negativen Gefühle positiv verändern können.	▶ Abschlussspiel: „Durch diese Gasse geh ich gern" L klärt den Begriff ab und erläutert das Spiel, in dem jeder die Aufgabe bekommt, freundlich zu sein. Die S bilden eine Doppelreihe, sehen sich an und einer nach dem anderen geht durch diese Gasse. Dabei hat jeder außen stehende S die Wahl, dem Hindurchgehenden entweder freundlich zuzulächeln oder ihn freundlich und sanft zu berühren. Dann soll der Hindurchgehende vor jemandem, der ihn manchmal ärgert, stehen bleiben. Dieser muss ihm in die Augen schauen und etwas Nettes zu ihm sagen oder falls ihm nichts einfällt, ihn anlächeln oder in den Arm nehmen. ▶ S reflektieren ihre Erfahrungen.	● Kommunikationsspiel ● Unterrichtsgespräch
	▶ Hausaufgabe: Die S sollen den Umriss ihres schlauen Fuchses auf schwarzes Papier übertragen, ausschneiden, auf ein weißes Blatt Papier kleben und zur nächsten Stunde wieder mitbringen.	◆ schwarzes DIN-4-Blatt ◆ weißes DIN-4-Blatt

Kopiervorlage 1: Einstiegsfoto – Harmoniefoto

37

© Bildungshaus Schulbuchverlage Westermann Schroedel Diesterweg Schöningh Winklers GmbH, Braunschweig 2008, ISBN 978-3-14-163039-8

Ihm ist eine Laus über die Leber gelaufen.

Das macht mir Kopfzerbrechen.

Das drückt mir auf den Magen.

Da läuft mir die Galle über.

Das stinkt mir.

Ich kann das nicht mehr mit anhören.

© Bildungshaus Schulbuchverlage Westermann Schroedel Diesterweg Schöningh Winklers GmbH, Braunschweig 2008, ISBN 978-3-14-163039-8

Da bleibt einem die Luft weg.

Da bleibt einem ja das Herz stehen.

Das steht mir bis zum Hals.

Da stehen einem die Haare zu Berge.

Das geht an die Nieren.

Das fällt mir auf die Nerven.

© Bildungshaus Schulbuchverlage Westermann Schroedel Diesterweg Schöningh Winklers GmbH, Braunschweig 2008, ISBN 978-3-14-163039-8

Durchführungsplan 2

Wahrnehmen fremder Gefühle in gegenseitiger Toleranz

Lernziele:	Unterrichtsschritte	◆ Medien / ● Sozialform
LZ 1: Schüler sollen sich das in der letzten Stunde Erlebte vergegenwärtigen und einen visuellen Anker erstellen.	▶ L stellt den S kurz dar, dass es auch in dieser Stunde um Gefühle und Stimmungen geht – sowohl um die eigenen als auch um die der anderen S. ▶ S präsentieren ihre zu Hause angefertigten Bilder und verbalisieren ihre beim Malen beobachteten Gefühle. ▶ Da zur Erinnerung und Festigung des erlebten positiven Gefühls auch schon das Malen eines Gegenstandes oder eines Symbols der imaginierten positiven Situation ausreicht, werden die S gebeten, noch einmal in die positive Situation hineinzuschauen und sich zu fragen: Was habe ich gesehen? – Was hat mir gut gefallen? – Wie hat es ausgesehen? – War es vielleicht ein Gegenstand oder ein Zeichen oder etwas anderes? ▶ S malen jetzt diesen Gegenstand oder ein Zeichen/ Symbol. ▶ S reflektieren ihre Arbeit anschließend mit dem Nachbarn in leiser Unterhaltung. L: *„Verwahrt euer Gemaltes gut. Wenn ihr es anseht, beobachtet euch, ob das gute Gefühl wieder da ist. Berichtet bitte in der nächsten Stunde darüber."*	● Sitzkreis ● Präsentation ● Unterrichtsgespräch ◆ Papier ◆ Buntstifte ● Partnerarbeit
LZ 2: Schüler sollen den Nutzen des Körperankers wieder erleben.	▶ L: *„Jeder von euch hat sicherlich in der letzte Woche wieder neuen Stress erlebt?* *Wir wollen prüfen, ob unser Körperanker noch hält.* *Bitte versetzt euch jetzt in diese schlechte Situation und wenn sie da ist, benutzt euren Körperanker und seht und fühlt wie es euch nun geht".* – ▶ S berichten.	● Unterrichtsgespräch
LZ 3: Schüler sollen genau beobachten und durch das Spiegeln ihre Eigen- und Fremdwahrnehmung weiter entwickeln.	▶ L: *„Ihr habt bisher eure eigenen Gefühle in unter- schiedlichen Situationen bewusster kennen gelernt.* *Ihr wisst natürlich, dass andere ebenfalls Gefühle haben.* *Und woran könnt ihr das sehen?"* S antworten. L: *„Ja, und deshalb wollen wir jetzt noch etwas genauer den Gesichtsausdruck, die Mimik untersuchen."* ▶ L legt Stimmungsgesichter **(KV 3a–b)** kreisförmig aus. S umrunden diese und sehen sie sich genau an. ▶ Ratespiel: Ein S stellt pantomimisch den Ausdruck eines Stimmungsgesichtes dar und die anderen finden heraus, welches Stimmungsgesicht gemeint war. Mit den weiteren Stimmungsgesichtern wird ebenso verfahren.	● Unterrichtsgespräch ◆ KV 3a–b – Stimmungsgesichter (Karikaturen) ● Pantomimisches Darstellen von Gefühlen

Lernziele:	Unterrichtsschritte	◆ Medien / ● Sozialform
LZ 4: Schüler sollen spüren, dass die individuellen Lebenserfahrungen die Wahrnehmung des Einzelnen beeinflussen und dass Toleranz gegenüber den Gefühlen anderer geübt werden sollte.	▶ Nun legt der L Wortkärtchen **(KV 4)** aus und fordert die S auf, sich mit dem Partner Gedanken über eine Zuordnung dieser Begriffe zu den Gesichtern zu machen. S unterbreiten ihre Vorschläge. Es entstehen Verbindungen, die von den S unterschiedlich beurteilt werden. ▶ L ermuntert und unterstützt die S bei der Begründung unterschiedlicher Wahrnehmungsäußerungen. L: *„Ihr seht also, dass Schüler A aus dem Stimmungsgesicht ein anderes Gefühl entnahm als Schüler B. Er ordnete somit die Gesichter auch anders zu. Trotzdem war aus der jeweiligen subjektiven (eigenen) Sicht her beides begründet und daher für jeden der beiden richtig. Deshalb ist es wichtig, Toleranz gegenüber anderen Gefühlen zu üben. Es gibt keine falschen Gefühle!"*	◆ KV 4 – Stimmungs-Wortkärtchen ● Partnerarbeit ● Unterrichtsgespräch ● Fazit durch Lehrer
LZ 5: Schüler sollen das Erarbeitete festigen.	▶ S tragen in ein Arbeitsblatt **(KV 5a)** die fehlenden Begriffe und vergleichen ihre Ergebnisse mit dem aushängenden Lösungsblatt **(KV 5b)** ▶ und begründen ggf. ihre abweichenden Interpretationen.	● Partnerarbeit ◆ KV 5a–b – AB/Lösung ● Unterrichtsgespräch
LZ 6: Schüler sollen sich in der Eigen- und Fremdwahrnehmung üben.	▶ Spiel „Auf der Stirn steht es mir geschrieben" Material: Stirnband, Stirnband-Steckkärtchen (Stimmungsgesichter) **(KV 6a–b)** Spielverlauf: Die S bilden einen Stehkreis. Ein „mutiger" S erhält ein Stirnband und stellt sich damit in die Mitte. Ein anderer S nimmt eines der verdeckt liegenden Steckkärtchen und steckt dieses so unter das Stirnband, dass nur die Außenstehenden das Kärtchen sehen können. Diese haben „Schweigepflicht", sollen aber die Stimmung, die auf dem Kärtchen abgebildet ist, pantomimisch darstellen. Der S in der Mitte ahmt die anderen nach und soll die dargestellte Stimmung erraten.	● Klassenverband ◆ Stirnband ◆ KV 6a–b – Stirnband-Steckkärtchen (Stimmungsgesichter)
LZ 7: Schüler sollen lernen, sich in Situationen hineinzuversetzen.	▶ L bittet S, sich in folgende Situation hineinzuversetzen und ihre Gefühle zu beobachten: *„Stell dir vor, ich sage jetzt gleich zu dir: Pack deine Sachen ein, du darfst sofort nach Hause gehen. Du hast gleich schulfrei! – Wie fühlst du dich?"*	● Imagination
LZ 8: Schüler sollen ihre eigenen Gefühle erkennen und benennen sowie erfahren, dass andere ähnliche/abweichende Gefühle haben.	▶ S verbalisieren ihre Gefühle und reflektieren sie anhand der ausliegenden Wortkarten. → Es ist zu erwarten, dass das Gros der S diese Situation als positiv empfinden wird. (Die Erfahrung zeigte, dass jedoch manche Schüler nicht nach Hause gehen wollten und angaben, traurig zu sein.)	● Unterrichtsgespräch ◆ KV 4 – Stimmungs-Wortkärtchen
LZ 9: Schülern soll sich vergegenwärtigen, dass es keine falschen Gefühle gibt und dass sie, so wie sie sind, für jeden okay sind.	▶ L: *„Ihr habt eben erlebt, dass Gefühle bei jedem anders sein können, sogar bei dem gleichen Erlebten. – Ihr seht wiederum, dass es keine falschen Gefühle gibt. Deshalb hat sich auch niemand darüber lustig zu machen. Jeder hat also seine eigenen Gedanken und Gefühle, die für ihn okay sind."* (Hinweis: Diese Wortwahl wird in der 9. Unterrichtsstunde wieder verwendet.)	● Lehrerfazit

Lernziele:	Unterrichtsschritte	◆ Medien / ● Sozialform
LZ 10: Schüler sollen eigene und fremde Wahrnehmungen als gleichberechtigt nebeneinander tolerieren.	▶ L zeigt den S ein Kippbild **(KV 7)** „Hase oder Ente" und fordert sie auf, genau hinzuschauen und dann zu sagen, was das Bild für sie darstellt. ▶ S berichten und reflektieren über die Parallele zu den Gefühlen (… jeder kann aus seiner Sicht/Perspektive etwas anderes wahrnehmen (fühlen) und alle Meinungen stehen gleichberechtigt nebeneinander). (→ Ggf. kann ein zweites Kippbild eingesetzt werden.)	◆ **KV 7** – Kippbild
LZ 11: Schüler sollen die Eigenwahrnehmung weiter entwickeln.	▶ Abschließend erhalten die S eine Stimmungsleiste **(KV 8)**, auf der sie eine Wäscheklammer an dem Stimmungsgesicht platzieren sollen, dass ihrer aktuellen Stimmung am ehesten entspricht. → Die Stimmungsleiste verbleibt im Klassenraum.	◆ **KV 8** – Stimmungsleiste ◆ Wäscheklammern

9.1 Alternativer Teil-Durchführungsplan 2

Lernziele:	Unterrichtsschritte	◆ Medien / ● Sozialform
LZ 1: Schüler sollen ihren „visuellen Anker" präsentieren.	S präsentieren ihr Schattenbild, den schlauen Fuchs.	● Sitzkreis ● Präsentation
LZ 2: Schüler sollen durch die Kombinationen von Sprechgesang und Bewegungen das Distanzierungsangebot aktivieren.	Sprechgesang und Bewegungsspiel: S sprechen nach/mit: 1. *„Ich habe einen schlauen Fuchs und der kann mir helfen."* – Dabei halten die S die Hände in der Fingermudra-Haltung an ihre Stirnhöcker und rollen mit den Augen. 2. *„Ich bin ein schlauer Fuchs und kann mir selber helfen."* – Dabei spannen die S ihre Muskeln an. → L Hinweis: *„Spannt eure Muskeln wie ein Kraftprotz an."* 3. *„Juhu! Juhu! Juhu! "* – Dabei lockern die S schüttelnd die Muskeln. → Wiederholung	● Stehkreis
LZ 3: Schüler sollen sich genau beobachten und durch das Spiegeln ihre Eigen- und Fremdwahrnehmung weiter entwickeln.	L: *„Ihr habt bisher eure eigenen Gefühle in unterschiedlichen Situationen bewusster kennen gelernt. Ihr wisst natürlich, dass andere ebenfalls Gefühle haben. Und woran könnt ihr das sehen?"* S antworten. L: *„Ja, und deshalb wollen wir jetzt noch etwas genauer den Gesichtsausdruck, die Mimik untersuchen."* L legt Stimmungsgesichter **(KV 3a–b)** kreisförmig aus. S umrunden diese und sehen sie sich genau an. Ratespiel: Ein S stellt pantomimisch den Ausdruck eines Stimmungsgesichtes dar und die anderen finden heraus, welches Stimmungsgesicht gemeint war. Mit den weiteren Stimmungsgesichtern wird ebenso verfahren.	● Sitzkreis ● Unterrichtsgespräch ◆ **KV 3a–b** – Stimmungsgesichter (Karikaturen) ● Pantomimisches Darstellen von Gefühlen
Hinweis: Fortsetzung siehe **Durchführungsplan 2** ab **LZ 4**		

42

Kopiervorlage 3a: Stimmungsgesichter 1 (Lehrermaterial)

Kopiervorlage 3b: Stimmungsgesichter 2 (Lehrermaterial)

© Bildungshaus Schulbuchverlage Westermann Schroedel Diesterweg Schöningh Winklers GmbH, Braunschweig 2008, ISBN 978-3-14-163039-8

zufrieden

fröhlich

erstaunt

unentschlossen

traurig

ärgerlich

wütend

© Bildungshaus Schulbuchverlage Westermann Schroedel Diesterweg Schöningh Winklers GmbH, Braunschweig 2008, ISBN 978-3-14-163039-8

Kopiervorlage 5a: Stimmungsgesichter (Schülerarbeitsblatt)

Kopiervorlage 5b: Stimmungsgesichter (Lösung)

erstaunt

traurig

fröhlich

wütend

zufrieden

ärgerlich

unentschlossen

Kopiervorlage 6a: Spiel: Stirnband-Steckkärtchen 1 (Lehrermaterial)

Spiel: „Auf der Stirn steht es mir geschrieben"

Material: Stirnband, Stirnband-Steckkärtchen mit Stimmungsgesichtern (zufrieden, fröhlich, erstaunt, unentschlossen, ärgerlich, traurig, wütend)

Spielverlauf: Die Kinder bilden einen Stehkreis. Ein „mutiges" Kind erhält ein Stirnband und stellt sich damit in die Mitte. Ein anderes Kind nimmt eines der verdeckt liegenden Gesichts-Stimmungs-Kärtchen und steckt dieses so unter das Stirnband, dass nur die Außenstehenden das Kärtchen sehen können. Diese haben „Schweigepflicht", sollen aber die Stimmung, die auf dem Kärtchen abgebildet ist, pantomimisch darstellen. Das Kind in der Mitte ahmt die anderen nach und soll die dargestellte Stimmung erraten.

Stirnband-Steckkärtchen

westermann®

traurig

wütend

ärgerlich

erstaunt

Hase oder Ente?

Alte oder junge Frau?

© Bildungshaus Schulbuchverlage Westermann Schroedel Diesterweg Schöningh Winklers GmbH, Braunschweig 2008, ISBN 978-3-14-163039-8

Kopiervorlage 8: Stimmungsleiste

© Bildungshaus Schulbuchverlage Westermann Schroedel Diesterweg Schöningh Winklers GmbH, Braunschweig 2008, ISBN 978-3-14-163039-8

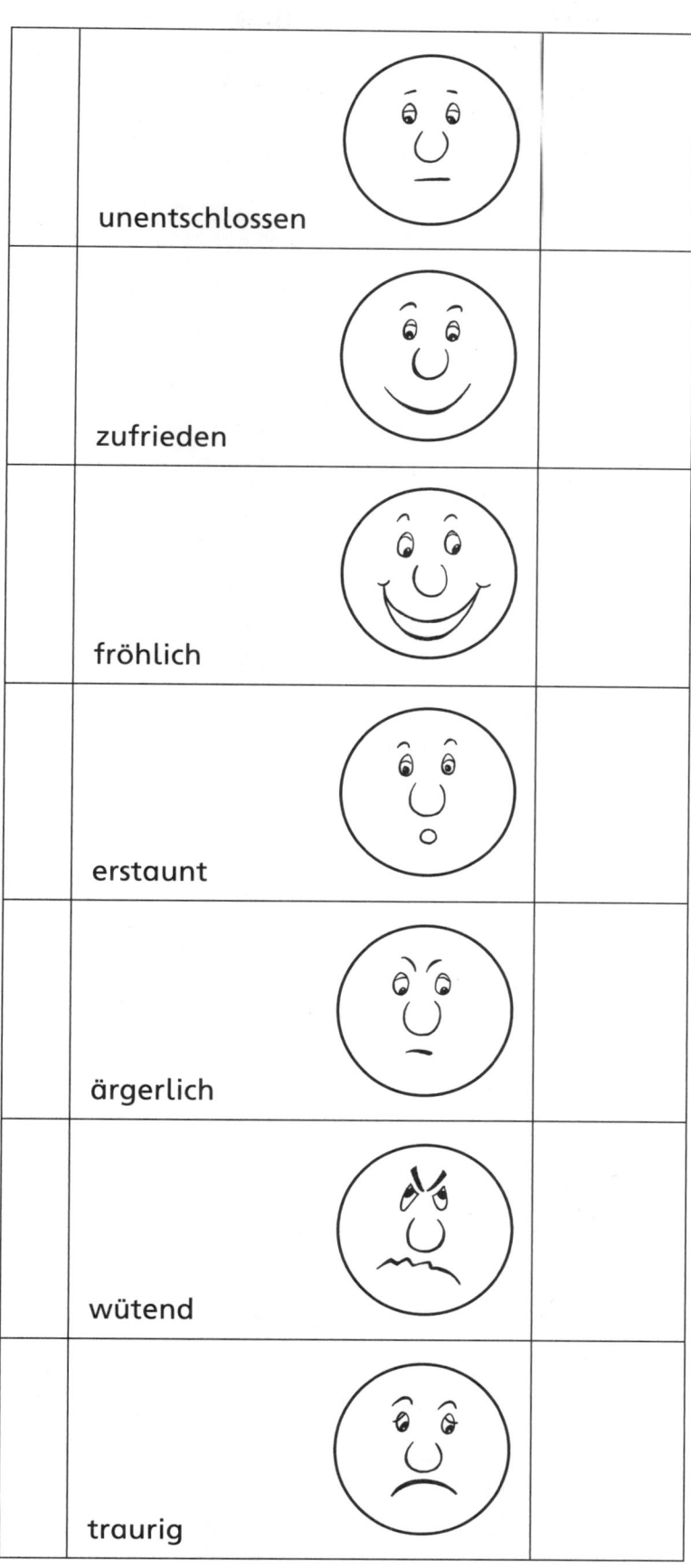

	unentschlossen		
zufrieden		
fröhlich		
erstaunt		
ärgerlich		
wütend		
traurig		

Eigenes Gefühl
mit
Wäscheklammer
markieren

10

Durchführungsplan 3

Gestik, Mimik und Körperhaltung

Lernziele:	Unterrichtsschritte	◆ Medien / ● Sozialform
LZ 1: Schüler sollen sich in der Eigenwahrnehmung üben.	▶ S präsentieren ihre Stimmungsleisten und ordnen ihre momentane Stimmung ein. ▶ Spiel: Flaschendrehen Die S bilden einen Sitzkreis. Ein S dreht die in der Mitte befindliche Flasche und der Mitspieler, auf den die Flasche zeigt, nimmt eines der ausliegenden Stimmungsgesichter auf, benennt das darauf abgebildete Gefühl und dreht erneut die Flasche. Der S, auf den die Flasche nun zeigt, ahmt dieses Gefühl pantomimisch nach und nimmt die Karte aus dem Spiel. Dann dreht er wiederum die Flasche – und das Spiel geht weiter, bis alle Stimmungen dargestellt sind. ▶ L führt die S – an das Spiel anknüpfend – zum Stundenthema: *„Einige Gesichter wirken fröhlich oder zufrieden und damit positiv und stark und andere nicht. Wie ist das denn eigentlich bei uns selber? Genau diese Frage ist für uns wichtig.* *Dazu machen wir jetzt einige Spiele."*	● Sitzkreis ● Unterrichtsgespräch ◆ KV 8 – Stimmungsleiste ◆ KV 5a – Stimmungs- gesichter ◆ (Plastik)Flasche
LZ 2: Schüler sollen erkennen, dass sich Gefühle auf die Körperhaltung auswirken.	▶ S bilden zwei Gruppen. Sie erhalten den Auftrag, bei den Übungen zu schweigen und sich und die anderen gut zu beobachten. Gruppe 1 erhält den Auftrag, sich gelangweilt/traurig und Gruppe 2 interessiert/zufrieden hinzustellen – danach umgekehrt. ▶ S teilen ihre Beobachtungen mit.	● Gruppenarbeit ● Rollenspiel ● Unterrichtsgespräch
LZ 3: Schüler sollen Merkmale einer schwachen und starken Körperhaltung durch eigenes Darstellen erfahren.	▶ L-Anleitung a): *„Versetzt euch bitte in eine angenehme Situation und beobachtet eure Körperhaltung und euren Gesichtsausdruck und euer Gefühl."* Schüler tauschen ihre Erfahrungen und Beobachtungen aus – gerader Rücken und Schultern, Kopf hoch, Mundwinkel nach oben → starkes Gefühl ▶ L-Anleitung b): *„Versetzt euch bitte in eine unangenehme Situation und beobachtet eure Körperhaltung und euren Gesichtsausdruck."* Schüler tauschen ihre Erfahrungen und Beobachtungen aus – krummer Rücken, hängende Schultern, Kopf nach unten geneigt, Mundwinkel heruntergezogen → schwaches Gefühl	● pantomimisches Darstellen ● Unterrichtsgespräch
LZ 4: Schüler sollen erkennen, dass im Allgemeinen ein Gefühl mit einer bestimmten Körperhaltung übereinstimmt.	▶ L-Fragen zur Zusammenfassung: *„Wann habt ihr also stark ausgesehen und euch auch stark gefühlt?"* *„Wie war eure Körperhaltung?"* ▶ S reflektieren die Übereinstimmung von Gefühlen und Körperhaltung. ▶ S benennen einige Erscheinungsmerkmale einer schwachen/starken Körperhaltung (Inhaltliches siehe **KV 10c**).	● Unterrichtsgespräch

Lernziele:	Unterrichtsschritte	◆ Medien / ● Sozialform
LZ 5: Schüler sollen Mimik, Körperhaltung und Stimme der Akteure genau beobachten.	Rollenspiel: 1. Szene ▶ Darstellung einer bekannten Pausensituation durch zwei Schüler (A und B)/durch den Lehrer (A) und einen Schüler (B) mit genauen vorherigen Instruktionen (wichtig!). S erhalten den Arbeitsauftrag, Folgendes zu beobachten: Körperhaltung (Kopf, Schultern, Oberkörper, Hände, Beine, Füße), Gesichtsausdruck, Stimme. A und B (verkleidet als Lena und Leni ggf. mit Schal um den Hals und Kappe oder Mütze auf dem Kopf) spielen die erste Szene vor: Lena springt im Huckekasten hin und her. Da kommt Leni und sagt, dass sie jetzt an der Reihe sei. Lena möchte ihr gerade begonnenes Spiel aber noch fortführen. Leni stellt ihr darauf hin ein Bein. Lena sagt mit leiser Stimme und schwacher Körperhaltung, ohne Leni anzusehen, dass sie gern noch zu Ende spielen möchte. Leni kümmert sich nicht darum und stellt Lena verstärkt ein Bein. Daraufhin wendet sich Lena weinend ab.	● Rollenspiel ◆ Schal, Kappe oder Mütze
LZ 6: Schüler sollen Vermutungen verbalisieren.	▶ S tragen ihre Beobachtungen zusammen unter der Fragestellung: *„Woran hat es wohl gelegen, dass Leni als Angreifer siegte?"*	● Unterrichtsgespräch
LZ 7: Schüler sollen erkennen, dass eine schwache Körperhaltung und eine leise Stimme schwach machen.	▶ L zeigt zusammenfassend den Posterteil mit den schwachen körperlichen Erscheinungsmerkmalen (die Oberkriterien wie Gesicht ... siehe **KV 9a–b**). ▶ S lesen die Kriterien vor und erkennen, dass Lena durch das Zeigen genau dieses Verhaltens unterlag.	◆ **KV 9a–b** – Posterteile (schwache körperliche Erscheinungsmerkmale) ● Unterrichtsgespräch
LZ 8: Schüler sollen durch genaues Beobachten die stark machenden Körpermerkmale erkennen.	Rollenspiel: 2. Szene ▶ S sollen durch ihre Beobachtungen herausfinden, welche Eigenschaften Lena nun im Gegensatz zu vorhin zum Sieg verhelfen. ▶ A und B spielen dieselbe Situation vor, jetzt wird jedoch die angegriffene Lena gewinnen: Lena springt im Huckekasten hin und her. Da kommt Leni und sagt, dass sie jetzt an der Reihe ist. Lena möchte ihr gerade begonnenes Spiel aber noch fortführen. Leni stellt ihr daraufhin ein Bein. Lena will sich nicht stören lassen; deshalb stellt sie sich kraftvoll auf beide Füße, sieht Leni fest an, richtet ihren Oberkörper auf und neigt ihn dabei leicht nach vorn. Dann sagt sie mit lauter und fester Stimme: „Hau ab", sieht ihr dabei weiter in die Augen und bleibt so stehen. Schließlich weicht Leni zurück.	● Rollenspiel
LZ 9: Schüler sollen ihre Beobachtungen verbalisieren.	▶ S tragen ihre Beobachtungen zusammen unter der L-Fragestellung: *„ Woran hat es wohl gelegen, dass Leni jetzt aufgab?"*	● Unterrichtsgespräch
LZ 10: Schüler sollen erkennen, dass eine starke Körpersprache und feste Stimme helfen, das eigene Ziel durchzusetzen.	▶ L zeigt zusammenfassend den Posterteil mit den starken körperlichen Erscheinungsmerkmalen. ▶ S lesen die Kriterien vor und erkennen, dass Lena durch das Zeigen genau dieses Verhaltens ihren Willen durchsetzen konnte.	◆ **KV 9c–d** – Posterteile (starke körperliche Erscheinungsmerkmale) ● Unterrichtsgespräch

Lernziele:	Unterrichtsschritte	◆ Medien / ● Sozialform
LZ 11: Schüler sollen ihr Wissen festigen.	▶ S bearbeiten das Arbeitsblatt **(KV 10a–b)**. Sie sollen Kriterien der körperlichen Erscheinungsmerkmale richtig einordnen mit anschließender Selbstkontrolle anhand des Lösungsblattes **(KV 10c)**. S dürfen sich mit dem Partner beraten.	◆ **KV 10a–b** – AB1,2 ◆ **KV 10c** – AB-Lösung ◆ Schere, Kleber ● Partnerarbeit
LZ 12: Schüler sollen erfahren, dass sie das Stehen im sicheren Stand selbstsicher macht und ihnen mehr Selbstwert-gefühl gibt.	▶ L: *„Wir wollen gleich ein Spiel spielen, in dem ihr euch nicht umschubsen lassen dürft.* *Seid ihr kräftig genug? – Das will ich sehen!"* L geht reihum und stößt jeden S an – die meisten S kippen nach hinten/seitlich weg. Deshalb leitet der L die S zum sicheren Stand an: *„Stelle dich aufrecht hin – die Füße etwa schulterbreit auseinander – drehe den einen Fuß, sodass beide L-förmig zueinander stehen (der vordere Fuß zeigt mit der Ferse zum anderen, hinterer Fuß um ca. 90° nach außen gedreht) – beuge die Knie leicht – verteile das Körpergewicht gleichmäßig auf beide Beine, sodass der Schwerpunkt (Körpermitte) leicht abgesenkt ist – spanne den ganzen Körper stark an, wie ein Muskelmann (wenn du die Hände nach unten zur Faust ballst, gelingt es besser) – halte deine Schultern sehr gerade – sieh dem anderen in die Augen – und schon bist du im sicheren Stand!"* ▶ L geht erneut reihum und stößt jeden S an – die meisten bleiben jetzt sicher stehen. ▶ Spiel: „Du schaffst mich nicht" – Spielverlauf: Ein S geht von der Kreismitte aus auf einen Außen-stehenden zu und schubst ihn. Bleibt der stehen, darf er in die Mitte gehen und das Spiel beginnt von vorn.	● Stehkreis
LZ 13: Schüler sollen ihr eigenes Gefühl bewusst wahrnehmen.	▶ Abschließend geben die S anhand der Stimmungsleiste eine Rückmeldung ihrer aktuellen Stimmung.	◆ **KV 8** – Stimmungsleiste

Hinweis für Lehrkraft: Körperliche Erscheinungsmerkmale schwach und stark zu einem Plakat zusammenfügen (Kopiervorlage 9a–d).

schwach

leise

zaudernd, flüsternd

zittrig

traurig / verschämt lächelnd

Mundwinkel nach oben/unten

wegsehen

© Bildungshaus Schulbuchverlage Westermann Schroedel Diesterweg Schöningh Winklers GmbH, Braunschweig 2008, ISBN 978-3-14-163039-8

klein	krumm	Füße kippeln eingeknickt,	Schultern hängen / hoch gezogen	Schritt zurück (zurückweichend)

westermann®

Körperliche Erscheinungs-merkmale	**stark**
Stimme	laut fest klar, deutlich
Gesicht	ernsthaft Mundwinkel gerade in die Augen sehen

© Bildungshaus Schulbuchverlage Westermann Schroedel Diesterweg Schöningh Winklers GmbH, Braunschweig 2008, ISBN 978-3-14-163039-8

groß

aufrecht

Füße fest
auf der Erde

Schultern
gerade

Schritt
leicht nach vorn

Körper-
haltung

Arbeitsauftrag: Schneide die einzelnen Teile aus und klebe sie auf Seite 2 richtig ein!

Du brauchst: Schere, Kleber

Füße fest
auf der Erde

Schultern gerade

Schritt leicht nach vorn

Mundwinkel gerade

groß

aufrecht

laut

fest

klar, deutlich

ernsthaft

in die Augen sehen

© Bildungshaus Schulbuchverlage Westermann Schroedel Diesterweg Schöningh Winklers GmbH, Braunschweig 2008, ISBN 978-3-14-163039-8

Körperliche Erscheinungsmerkmale	stark	schwach
Stimme		leise
		zaudernd, flüsternd
		zittrig
Körperhaltung		klein
		krumm
		Füße kippeln, eingeknickt
		Schultern hängen / hoch gezogen
		Schritt zurück (zurückweichend)
Gesicht		traurig / verschämt lächelnd
		Mundwinkel nach unten oder nach oben
		wegsehen

© Bildungshaus Schulbuchverlage Westermann Schroedel Diesterweg Schöningh Winklers GmbH, Braunschweig 2008, ISBN 978-3-14-163039-8

Kopiervorlage 10c: Körperliche Erscheinungsmerkmale (Schülerarbeitsblatt 3, Lösungen)

Körperliche Erscheinungsmerkmale	stark	schwach
Stimme	laut	leise
	fest	zaudernd, flüsternd
	klar, deutlich	zittrig
Körperhaltung	groß	klein
	aufrecht	krumm
	Füße fest auf der Erde	Füße kippeln, eingeknickt
	Schultern gerade	Schultern hängen / hoch gezogen
	Schritt leicht nach vorn	Schritt zurück (zurückweichend)
Gesicht	ernsthaft	traurig / verschämt lächelnd
	Mundwinkel gerade	Mundwinkel nach unten oder nach oben
	in die Augen sehen	wegsehen

11

Durchführungsplan 4

Anderen Grenzen setzen durch kongruentes Verhalten

Lernziele:	Unterrichtsschritte	◆ Medien / ● Sozialform
LZ 1: Schüler sollen ihre eigenen Gefühle bewusst wahrnehmen und lernen, sie anderen mitzuteilen.	▶ S zeigen sich gegenseitig ihre Eingangsstimmung anhand ihrer Stimmungsleisten.	● Sitzkreis ◆ **KV 8** – Stimmungsleiste
LZ 2: Schüler sollen sich einer ihrer positiven Eigenschaften bewusst werden und damit ihr Selbstwertgefühl stärken.	▶ S vollenden auf einem Zettel den Satzanfang mit einer ihrer positiven Eigenschaften (Ich bin …), befestigen diesen vorn an ihrem Pullover und begeben sich „auf Wanderung" durch den Klassenraum. S, die sich begegnen, lesen nach einem Begrüßungsklatschen die positiven Eigenschaften, formulieren diese um und sagen: „Du bist …"	◆ Zettel, Sicherheitsnadel, Stifte ● Übungen mit wechselnden Partnern
LZ 3: Schüler sollen das in den letzten Stunden Erarbeitete wiederholend vertiefen.	▶ L: „Bisher habt ihr gelernt, dass Gefühle jedes Einzelnen sehr unterschiedlich sein können. Ihr habt erfahren, dass der Gesichtsausdruck, die Stimme und die Körperhaltung des anderen euch etwas mitteilen können. – Ihr habt die starken und schwachen Merkmale der Körpersprache kennen gelernt. – Ihr habt euch im sicheren Stand erprobt. Das wollen wir gleich noch einmal wiederholen und danach sollt ihr erfahren, wie man einem anderen durch seine Körperhaltung Grenzen setzt und zum Ausdruck bringt ‚So nicht! Nein! Bis hierher! Schluss!'"	● Sitzkreis
LZ 4: Schüler sollen den sicheren Stand wiederholend festigen.	▶ S wiederholen den sicheren Stand. Der Partner testet ihn. Mit wechselnden Partnern wird weitergeübt. (siehe Seite 54)	● Partnerübung
LZ 5: Schüler sollen erkennen, dass sprachlicher Ausdruck und Inhalt zur Glaubhaftigkeit einer Botschaft kongruent sein müssen.	▶ L: „Ihr habt erfahren, dass der Gesichtsausdruck, die Körperhaltung und die Stimme eure Gefühle spiegeln können. – Nun dürft ihr euch bei dem nächsten Spiel fragen, ob das, was gesagt wird, glaubhaft klingt." ▶ Spiel: Glaubst du es mir? Einige S erhalten einen Satzstreifen **(KV 11)** – „Das hast du aber gut gemacht!" mit der Instruktion, den Satz in einer bestimmten Weise zu sprechen, z.B. drohend, schreiend, lobend. ▶ S reflektieren das dahinter stehende Gefühl und äußern sich über die Übereinstimmung (?) zwischen sprachlichem Ausdruck und Inhalt der Botschaft.	● Großgruppe ◆ **KV 11** – Satzstreifen
LZ 6: Schüler sollen erkennen, dass eine unklare Körpersprache mit unklarer verbaler Aussage und schüchterner Stimme das gewünschte Ergebnis nicht erzielen.	▶ Darstellung einer den Schülern bekannten Pausensituation durch zwei Schüler (A und B)/durch den Lehrer (A) und einen Schüler (B) mit genauen vorherigen Instruktionen (wichtig!) in zwei Varianten. – S sollen die Rollenspiele beobachten. ◆ 1) A knufft B ständig in die Rippen und da dieser zurückweicht, wird er aggressiver und versucht ihm auf die Füße zu treten. B bittet ihn mit leiser, verschüchterter Stimme, zurückweichender Körperhaltung und nach unten gewandtem Blick und leichtem Lächeln aufzuhören. Doch A lässt nicht ab und ärgert B weiterhin.	● Rollenspiel 1
LZ 7: Schüler sollen die Folgen einer inkongruenten Körpersprache verbalisieren.	▶ S geben ihre Beobachtungen wieder und begründen das ungehinderte Fehlverhalten von A mit der inkongruenten Körpersprache.	● Unterrichtsgespräch

Lernziele:	Unterrichtsschritte	◆ Medien / ● Sozialform
LZ 8: Schüler sollen erfahren, dass der andere durch die ihm gezeigte kongruente starke Körpersprache tatsächlich zurückweicht und die gesetzte Grenze akzeptiert.	◆ 2) A knufft B in die Rippen. B lässt es sich einen Moment lang gefallen. Da A aber nicht nachlässt, nimmt B eine „starke Körperhaltung" ein, sieht dem anderen fest in die Augen, mit aufrechtem leicht dem Angreifer entgegengestellten Oberkörper, mit geraden Schultern, einem nach vorn gestellten Bein im sicheren Stand und sagt mit fester Stimme: „Hau ab!" B weicht nicht zurück und blickt A weiterhin fest in die Augen. Das kann A nicht länger aushalten und wendet sich ab.	● Rollenspiel 2
LZ 9: Schüler sollen die Folgen einer kongruenten Körpersprache verbalisieren.	▶ S geben ihre Beobachtungen wieder und begründen die nun erfolgreiche Angriffsabwehr mit der kongruenten Körpersprache.	● Unterrichtsgespräch
LZ 10: Schüler sollen ihre Beobachtungen vertiefend zusammenfassen.	▶ S fassen ihre Beobachtungen anhand des Posters (zusammengefügte Teile von **KV 9a–b** und **KV 9c–d**) wiederholend zusammen.	● Unterrichtsgespräch ◆ KV 9a–b, KV 9c–d – Poster
LZ 11: Schüler sollen intensiv ihre theoretischen Kenntnisse in die Praxis umsetzen.	▶ S üben mit wechselnden Partnern: ◆ a) den sicheren Stand (ein Bein etwas vorgestellt – Füße L-förmig, Knie leicht gebeugt, – Schwerpunkt des Körpers in der Mitte – Oberkörper aufrecht und leicht nach vorn geneigt – Schultern gerade); ◆ b) den festen ernsten Blick in die Augen des anderen; ◆ c) den festen Stand mit ernstem, festem Blick in die Augen des anderen.	● Partnerarbeit
LZ 12: Schüler sollen Hemmungen abbauen.	◆ Zur Auflockerung und Vorbereitung der nächsten Übung erfolgt das „Schreispiel": S stehen sich in zwei Reihen gegenüber und schreien sich zu „Hau ab!" und „Nein!".	● Gruppenspiel
LZ 13: Schüler sollen üben, ihre persönliche Aussage mit fester Stimme und eindeutiger und starker Körpersprache zum Ausdruck zu bringen.	▶ S üben mit wechselnden Partnern und in wechselnden Positionen: ◆ d) den festen ernsten Blick in die Augen des anderen und dazu mit fester Stimme die klare Aussage: „Hau ab!"; ◆ e) den festen Stand mit ernstem Blick in die Augen des anderen und dazu einem dem Angreifer leicht entgegengestellten Oberkörper mit geraden Schultern und fest nach vorn unten geballten Fäusten und dazu mit fester Stimme die klare Aussage: „Hau ab!". Hinweis: Der Abwehrende darf zum Schluss nicht zurückweichen. Er muss unbedingt leicht nach vorn geneigt stehen bleiben. Erst dann wird sich der Angreifer endgültig abwenden.	● Partnerarbeit
LZ 14: Schüler sollen zu ihrer persönlichen Aussage mit fester Stimme und starker Körpersprache ein weiteres Grenzen setzendes visuelles Zeichen hinzufügen.	▶ S wiederholen ◆ e) und sagen nun „Nein!" statt „Hau ab!". Dabei halten sie als Stoppsignal dem Angreifer mit fast ausgestrecktem Arm die Handfläche vor die Augen. (Hinweis: Die Hand nicht zu dicht vor die Augen des anderen halten, damit der die Hand nicht wegschlagen kann.) ▶ S wechseln ihre Positionen.	● Partnerarbeit
LZ 15: Schüler sollen die Kriterien einer Grenzen setzenden klaren Körpersprache festigen.	▶ S verbalisieren die Kriterien eines mit ihrer persönlichen Aussage kongruenten starken Verhaltens und einhergehender Grenzen setzender Wirkung. ▶ S offenbaren sich gegenseitig ihre aktuelle Stimmung anhand der Stimmungsleiste.	● Unterrichtsgespräch ◆ KV 8 – Stimmungsleiste

63

© Bildungshaus Schulbuchverlage Westermann Schroedel Diesterweg Schöningh Winklers GmbH, Braunschweig 2008, ISBN 978-3-14-163039-8

Lies den Satz still:

Das hast du aber gut gemacht!

Schreie mit diesem Satz jemanden an.

Lies den Satz still:

Das hast du aber gut gemacht!

Sage diesen Satz zu einem andern mit drohender Stimme.

Lies den Satz still:

Das hast du aber gut gemacht!

Sage diesen Satz zu einem andern und lache dich dabei „kaputt".

Lies den Satz still:

Das hast du aber gut gemacht!

Sage diesen Satz zu einem andern mit ganz tiefer Stimme.

Lies den Satz still:

Das hast du aber gut gemacht!

Sage diesen Satz zu einem andern mit ganz hoher Stimme.

Lies den Satz still:

Das hast du aber gut gemacht!

Sage diesen Satz zu einem andern freundlich lobend.

12

Durchführungsplan 5

Anderen Grenzen setzen durch Körpersprache, Stimme, persönliche Distanz

Lernziele:	Unterrichtsschritte	◆ Medien / ● Sozialform
LZ 1: Schüler sollen ihre gemeinsame Stärke erfahren.	▶ S setzen die Stimmungsleiste ein. ▶ Warming-up: Kooperationsspiel „Reihe wegdrücken" S bilden zwei Reihen, stellen sich Rücken an Rücken und haken sich ein. Auf Kommando sollen sie versuchen, die andere Reihe wegzudrücken.	◆ **KV 8** – Stimmungsleiste ● Kooperationsspiel
LZ 2: Schüler sollen die Merkmale der starken Körperhaltung verbalisieren und durch wiederholendes Darstellen **verinnerlichen,** dass ▶ **klare Körpersprache,** ▶ **klare verbale Aussage,** ▶ **feste Stimme,** ▶ **Stoppsignal** dem anderen Grenzen setzen.	▶ S nennen Kriterien der starken Körperhaltung und üben wiederholend mit wechselnden Partnern und in wechselnden Positionen unter Beachtung der Gleichzeitigkeit das Grenzen setzende Verhalten: ▶ den festen Stand mit ernstem Blick in die Augen des anderen; ▶ den dem Angreifer leicht entgegengestellten Oberkörper mit geraden Schultern; ▶ das klare „Nein!" mit fester Stimme; ▶ das Stoppsignal – den fast ausgestreckten Arm mit der Handfläche vor die Augen des Angreifers halten (diese Vorhandhalte erleichtert das Anspannen des Körpers); ▶ Aushalten dieser Körperspannung, bis sich der andere abwendet.	● Sitzkreis ● Unterrichtsgespräch ● Partnerarbeit
LZ 3: Schüler sollen das Grenzen setzende Verhalten mit unterschiedlichen Partnern in unterschiedlichen Spielsituationen üben.	▶ Verfolgerspiel 1: Jeder S sucht sich einen Partner. Einer verfolgt den anderen so, dass beinahe ein Körperkontakt entsteht. Auf ein vorher verabredetes, vom L gegebenes Signal (z. B. Tamburinschlag) dreht sich der Verfolgte abrupt um, tritt mit festem Schritt auf den Verfolger zu, stampft mit dem Fuß auf, geht in den sicheren Stand ohne zurückzuweichen und sagt/ruft mit fester Stimme: *„Nein!"* ▶ Wichtig dabei ist wiederum der parallel zu erfolgende Einsatz ◆ des ernsten Gesichtsausdruckes mit dem festen Blick in die Augen des Angreifers; ◆ des dem Angreifer zugewandten Oberkörpers mit geraden Schultern; ◆ der Vorhandhalte vor das Gesicht des Angreifenden; ◆ das Halten der Körperspannung. ▶ S wechseln ihre Positionen. ▶ Verfolgerspiel 2: Dasselbe führen die S jetzt ohne vorheriges Signal aus.	● Partnerarbeit ◆ Tamburin

Lernziele:	Unterrichtsschritte	◆ Medien / ● Sozialform
LZ 4: Die Schüler sollen genau beobachten.	L: „*Nun lernt ihr noch eine weitere Möglichkeit kennen, jemanden auf Abstand zu halten, ohne mit dem anderen zu sprechen.*" ▶ S beobachten folgendes Rollenspiel von A und B: A und B stehen sich im Abstand von 3 – 4 m gegenüber. A erhält die Aufgabe, auf B zuzugehen, solange, bis B das Gefühl der persönlichen Distanz empfindet. Als Zeichen dafür soll B die Hand zum Anhalten heben (mit angewinkeltem Arm zur eigenen Schulter) und A muss dann auch stehen bleiben. ▶ Beide sollen in sich hineinfühlen, ob dieser Abstand für sie okay ist und das auch artikulieren (Ich bin okay.).	● Rollenspiel
LZ 5: Die Schüler sollen feststellen, dass Grenzen eines anderen nur durch Blickkontakt wahrzunehmen sind.	▶ Ausführung des dreiteiligen Rollenspiels: 1. ◆ A bleibt auf seinem Platz, während B langsam auf ihn zugeht. ◆ Doch A wendet den Blick ab von B, sodass dieser immer weitergeht und A fast umrennt, weil er von A kein Anhaltezeichen empfangen hat. 2. ◆ A bleibt auf seinem Platz, während B langsam auf ihn zugeht. ◆ A hält jetzt zwar den Blickkontakt, doch B sieht nicht ihn an, sondern auf seine Füße. Somit nimmt B das von A gesetzte Anhaltezeichen nicht wahr und rennt A fast um. 3. ◆ A bleibt auf seinem Platz, während B langsam auf ihn zugeht. ◆ Jetzt halten A und B Blickkontakt, und B hält beim Anhaltezeichen von A an. ◆ A und B teilen dem anderen mit: „*Ich bin okay!*" ▶ S teilen ihre Beobachtungen und die Erkenntnis mit, dass man den anderen ansehen muss, um die gewünschte Distanz aufzubauen.	● Dreiteiliges Rollenspiel ● Unterrichtsgespräch
LZ 6: Schüler sollen erleben: die eigene persönliche Distanz und die persönlich gewünschte Distanz dem anderen nonverbal mitzuteilen.	S stellen sich in einer Doppelreihe auf, dem Partner in ca. 3 m Abstand gegenüber. ▶ S üben mit ihrem Partner das Einhalten der gewünschten persönlichen Distanz: ◆ A bleibt auf seinem Platz, während B langsam auf ihn zugeht. ◆ Jetzt halten A und B Blickkontakt, und B hält beim Anhaltezeichen von A an. ◆ A und B teilen dem anderen mit: „*Ich bin okay!*" ▶ S wechseln die Position.	● Partnerarbeit ● Rollenspiel
LZ 7: Schüler sollen die nonverbale Kommunikation bewusst erleben.	L-Frage: „*Ob ihr es wohl schafft, die persönliche Distanz jetzt sogar noch ganz ohne Handzeichen zu erfassen? Probiert es doch bitte aus.*" ▶ S erproben dasselbe, jetzt ohne Handzeichen und in wechselnden Positionen.	● Partnerarbeit ● Rollenspiel
LZ 8: Schüler sollen sich auf die persönliche Distanz bei verschiedenen Personen einstellen.	▶ S erproben die persönliche Distanz mit wechselnden Partnern.	● Partnerarbeit ● Rollenspiel
LZ 9: Schüler sollen erkennen, dass die gewünschte Distanz bei verschiedenen Personen unterschiedlich ist.	▶ S reflektieren ihre Erfahrungen. ▶ Abschließend teilen sich die S ihre aktuelle Stimmung anhand ihrer Stimmungsleiste mit.	● Unterrichtsgespräch ◆ KV 8 – Stimmungsleiste

13

Durchführungsplan 6

Impulssteuerung

Lernziele:	Unterrichtsschritte	◆ Medien / ● Sozialform
LZ 1: Schüler sollen erfahren, dass durch das Singen eines Liedes eine frohe Stimmung entstehen kann.	▶ Warming-up: Lied/Kanon: Froh zu sein bedarf es wenig, und wer froh ist, ist ein König. *[Notenbeispiel]* Froh zu sein be - darf es we - nig, unc wer froh ist, ist ein Kö - nig.	● Sitzkreis
LZ 2: Schüler sollen erfahren, dass auch andere negative Gefühle haben können und erleben, wie sich die Wut durch Lösungsangebote verringert.	▶ Unter der Fragestellung „Sind wir immer froh?" werden die S in die Stundenthematik eingeführt. ▶ S sollen ein Erlebnis, das sie kürzlich wütend gemacht hatte, in Stichworten auf einem Zettel notieren.	◆ kleine Notizzettel
	▶ S beraten sich mit einem Partner (Was können wir tun, damit es uns dann besser geht?) – ▶ S teilen ihre Ideen mit und der L protokolliert diese an der Tafel (als Cluster um die zentralen Worte „Meine Wut löst sich, wenn ich …", geordnet). Mögliche Antworten: Den Zettel zertreten, durchlöchern, in den Mülleimer werfen, zerreißen, wegpusten … ▶ Jeder S sucht das für ihn Passende heraus und handelt entsprechend.	● Partnerarbeit ◆ Tafel ● Unterrichtsgespräch ● Schüleraktivität
LZ 3: Schüler sollen ihre Wutauslöser erkennen und benennen.	▶ S notieren auf dem ausgegebenen Wutzettel **(KV 12)**, wann sie wütend werden und teilen den Wutauslöser dem Partner mit.	◆ **KV 12** – Wutzettel ● Einzel-, Partnerarbeit
LZ 4: Schüler sollen Möglichkeiten zur Impulssteuerung kennen.	▶ L legt einen Smiley **(KV 13a** – Posterteil 6) in das Kreiszentrum, bittet S um Stellungnahmen und weitere Ideen zur Impulssteuerung. – L protokolliert die S-Äußerungen und fügt sie hinzu.	◆ **KV 13a** – Posterteil 6 (Smiley und F-Formel) kleine (Haft-)Zettel
LZ 5: Schüler sollen sich bewusst werden, dass sie ihre Wut kanalisieren können und mit anderen zusammen weitere/neue Lösungsmöglichkeiten finden.	▶ S arbeiten in 5 Gruppen arbeitsteilig unter Verwendung unterschiedlicher Arbeitsblätter: • Gruppe 1 → AB 1 (= zugleich Posterteil 1) (KV 13b) **→ sich positiv stimmen** • Gruppe 2 → AB 2 (= zugleich Posterteil 2) (KV 13c) **→ auspowern** • Gruppe 3 → AB 3 (= zugleich Posterteil 3) (KV 13d) **→ bei Beleidigung/Provokation kann ich …** • Gruppe 4 → AB 4 (= zugleich Posterteil 4) (KV 13e) **→ E-Formel** • Gruppe 5 → AB 5 (= zugleich Posterteil 5) (KV 13f) **→ sich zurückziehen** Aufgabenstellung: ◆ S sollen besprechen, welche Impulssteuerungsmöglichkeiten ihnen bekannt sind/waren; ◆ S sollen die Angebote des Arbeitsblattes ausführen (pantomimisch/sprachlich); ◆ S sollen weitere eigene Möglichkeiten finden und diese in die leeren Felder eintragen. ▶ Schließlich sollen die Gruppen den Sprecher für die Präsentation bestimmen und sich für eine im Plenum vorzuführende Möglichkeit der Impulssteuerung entscheiden.	◆ **KV 13b–f** (Posterteile und Gruppen-AB) ● Gruppenarbeit

Lernziele:	Unterrichtsschritte	◆ Medien / ● Sozialform
LZ 6: Schüler sollen ihr Erarbeitetes präsentieren.	▶ Die Gruppen präsentieren ihre Ergebnisse und führen das für sie interessanteste Angebot zur Impulssteuerung vor. Die anderen S dürfen mit-/nachmachen.	● Präsentation
LZ 7: Schüler sollen sich über ihre Wahlmöglichkeiten bei der Impulssteuerung bewusst werden und offen werden für neue Strategien.	▶ Anhand eines Arbeitsblattes **(KV 14)** überlegt sich jeder S: ◆ welche Angebote zur Impulssteuerung er schon angewendet hat und malt diese grün aus; ◆ welche Angebote zur Impulssteuerung er ausprobieren möchte und malt diese in seiner Lieblingsfarbe aus. ▶ → Bei Zeitkapazität kann jeder dem Partner seinen („Anti-Wut-Trick")Favoriten vorführen.	◆ KV 14 – AB ● Einzelarbeit ◆ Buntstifte ● ggf. Partnerarbeit
LZ 8: Schüler sollen erleben, dass trotz einer verbalisierten negativen Gefühlsempfindung bei einer „starken" Körperhaltung mit nach oben gerichteten Augen kein wirklich negatives Gefühl entsteht. Die Schüler sollen erfahren, dass die eigene Körperhaltung stärkeren Einfluss auf das eigene Gefühl ausüben kann als verbale Aussagen. **LZ 9:** Schüler sollen erkennen, dass ihnen die starke Körperhaltung als weitere Distanzierungsmöglichkeit bei Ärger/Stress dienen kann.	**Hinweis:** Je nach Zeitkapazität können diese Unterrichtsschritte (LZ 8, LZ 9) eingeschoben werden. Die bisherigen Erfahrungen zeigen, dass das Erleben der Wirkung der Körperhaltung auf das eigene Empfinden entgegen der sprachlichen Ausdrucksweise äußerst eindrucksvoll ist – einsetzbar auch bei Elternabenden. ▶ L bietet den S ein „Sonderangebot" an mit der Fragestellung: *„Wollt ihr erleben, dass ihr durch eure Körperhaltung eure Gefühle beeinflussen könnt, auch wenn ihr Gegenteiliges sagt? Dann:* **a)** *… setzt euch mit hängenden Schultern, nach unten gerichtetem Blick, nach unten gezogenem Mundwinkel hin und sagt: ‚Ich bin fröhlich. Mir geht es gut.' – Beobachtet euch dabei bitte und fühlt in euch hinein, ob es euch wirklich gut geht."* → S äußern im Gespräch ihre Erfahrung, dass sich bei ihnen trotz der verbalen Bejahung <u>kein</u> positives Gefühl einstellte. **b)** *… setzt euch aufrecht und gerade hin, mit fest auf den Boden gestellten Füßen, nach oben gerichtetem Blick und leicht hochgezogenem Mundwinkel und sagt: ‚Ich bin traurig. Mir geht es schlecht.' Beobachtet euch dabei bitte und fühlt in euch hinein, wie es euch wirklich geht."* ▶ S äußern im Gespräch ihre Erfahrung, dass sich bei ihnen trotz der verbalen negativen Gefühlsäußerung kein schlechtes, sondern ein <u>positives</u> Gefühl einstellte. S erkennen die Distanzierungsmöglichkeit durch den Einsatz von Mimik und Körperhaltung als weiteres Angebot zur Impulssteuerung.	● Imagination durch Körperhaltung ● Unterrichtsgespräch ● Unterrichtsgespräch
LZ 10: Schüler sollen Möglichkeiten zur Impulssteuerung bewusst anwenden.	▶ Abschließend erhält jeder einen kleinen Smiley **(KV 15)**, den er zu Hause am Spiegel o. Ä. befestigen kann. ▶ Hausaufgabe: In das AB **(KV 14)** eigene Ideen eintragen und gezielt „Anti-Wut-Tricks" anwenden.	◆ KV 15 – Smileys

68

Kopiervorlage 12: Wutzettel (Schülermaterial)

Ich werde wütend, wenn _____

_____

_____

Ich werde wütend, wenn _____

_____

_____

Ich werde wütend, wenn _____

_____

_____

Ich werde wütend, wenn _____

_____

_____

Ich werde wütend, wenn _____

_____

_____

© Bildungshaus Schulbuchverlage Westermann Schroedel Diesterweg Schöningh Winklers GmbH, Braunschweig 2008, ISBN 978-3-14-163039-8

Anti-Wut-Tricks

F-Formel (mit einem Freund oder den Eltern reden)

westermann

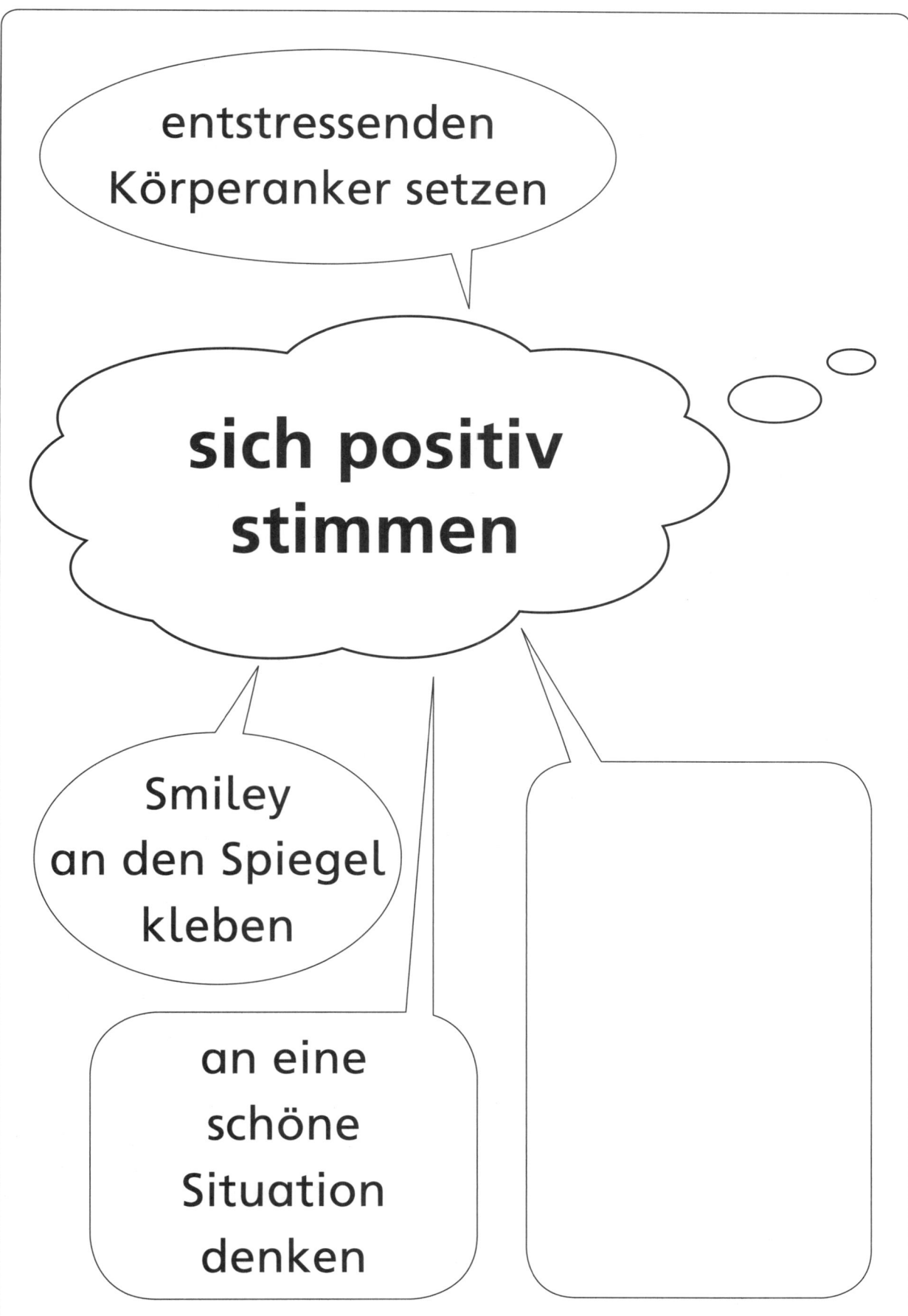

© Bildungshaus Schulbuchverlage Westermann Schroedel Diesterweg Schöningh Winklers GmbH, Braunschweig 2008, ISBN 978-3-14-163039-8

© Bildungshaus Schulbuchverlage Westermann Schroedel Diesterweg Schöningh Winklers GmbH, Braunschweig 2008, ISBN 978-3-14-163039-8

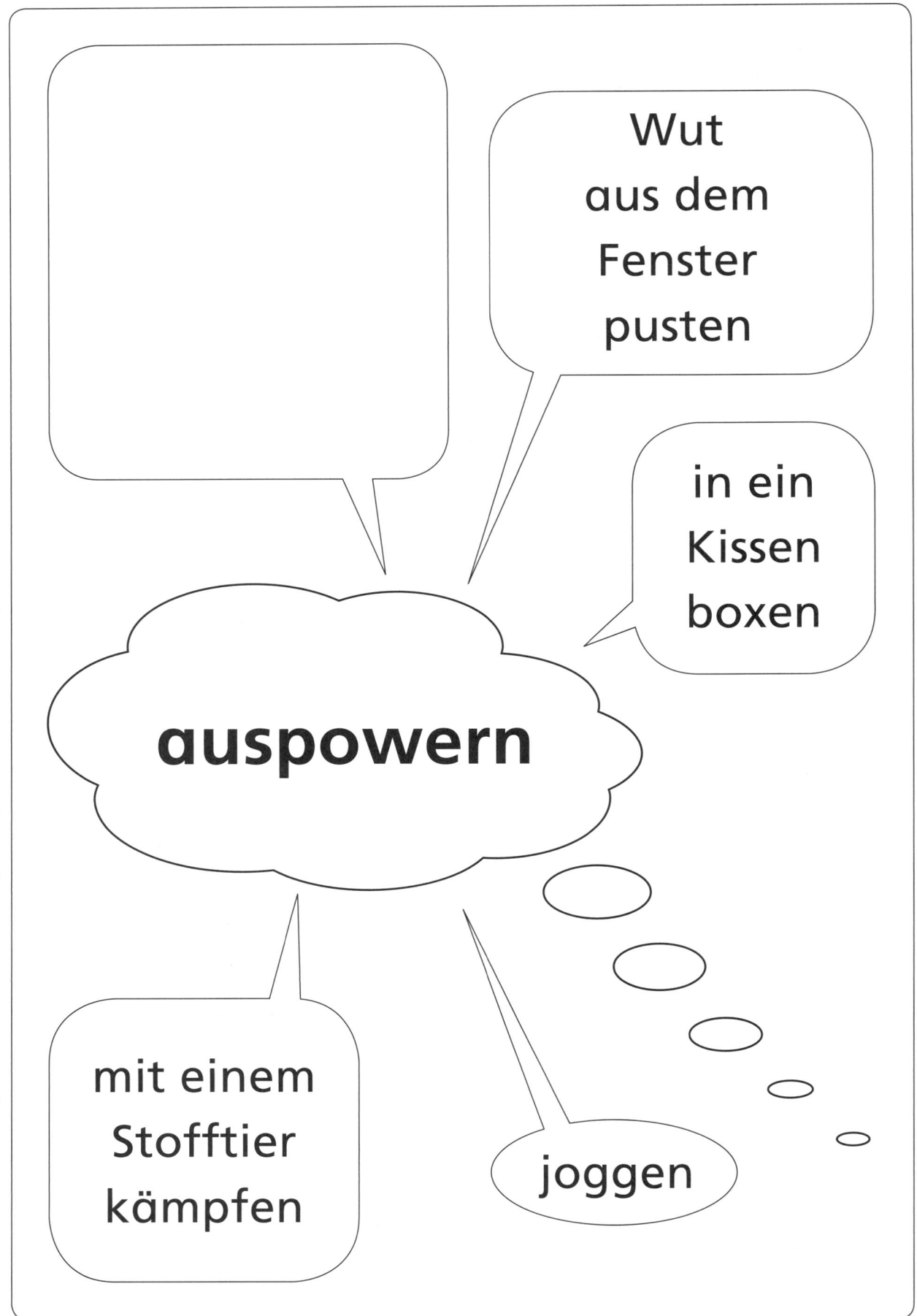

© Bildungshaus Schulbuchverlage Westermann Schroedel Diesterweg Schöningh Winklers GmbH, Braunschweig 2008, ISBN 978-3-14-163039-8

sagen, dass ich das nicht möchte

sagen: „Hau ab!"

bei Beleidigungen und Provokationen kann ich …

einfach weggehen

nach dem Grund fragen

© Bildungshaus Schulbuchverlage Westermann Schroedel Diesterweg Schöningh Winklers GmbH, Braunschweig 2008, ISBN 978-3-14-163039-8

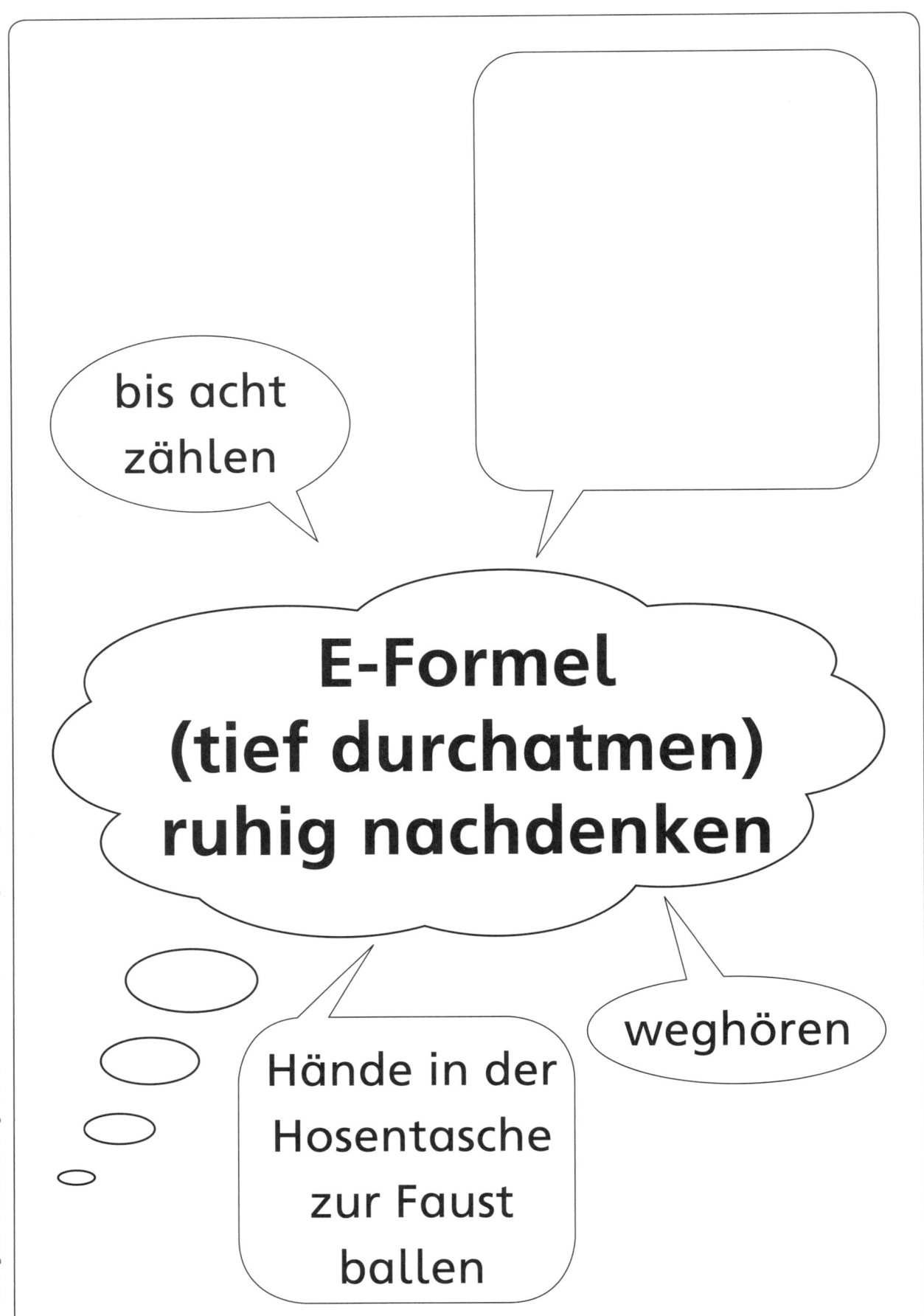

© Bildungshaus Schulbuchverlage Westermann Schroedel Diesterweg Schöningh Winklers GmbH, Braunschweig 2008, ISBN 978-3-14-163039-8

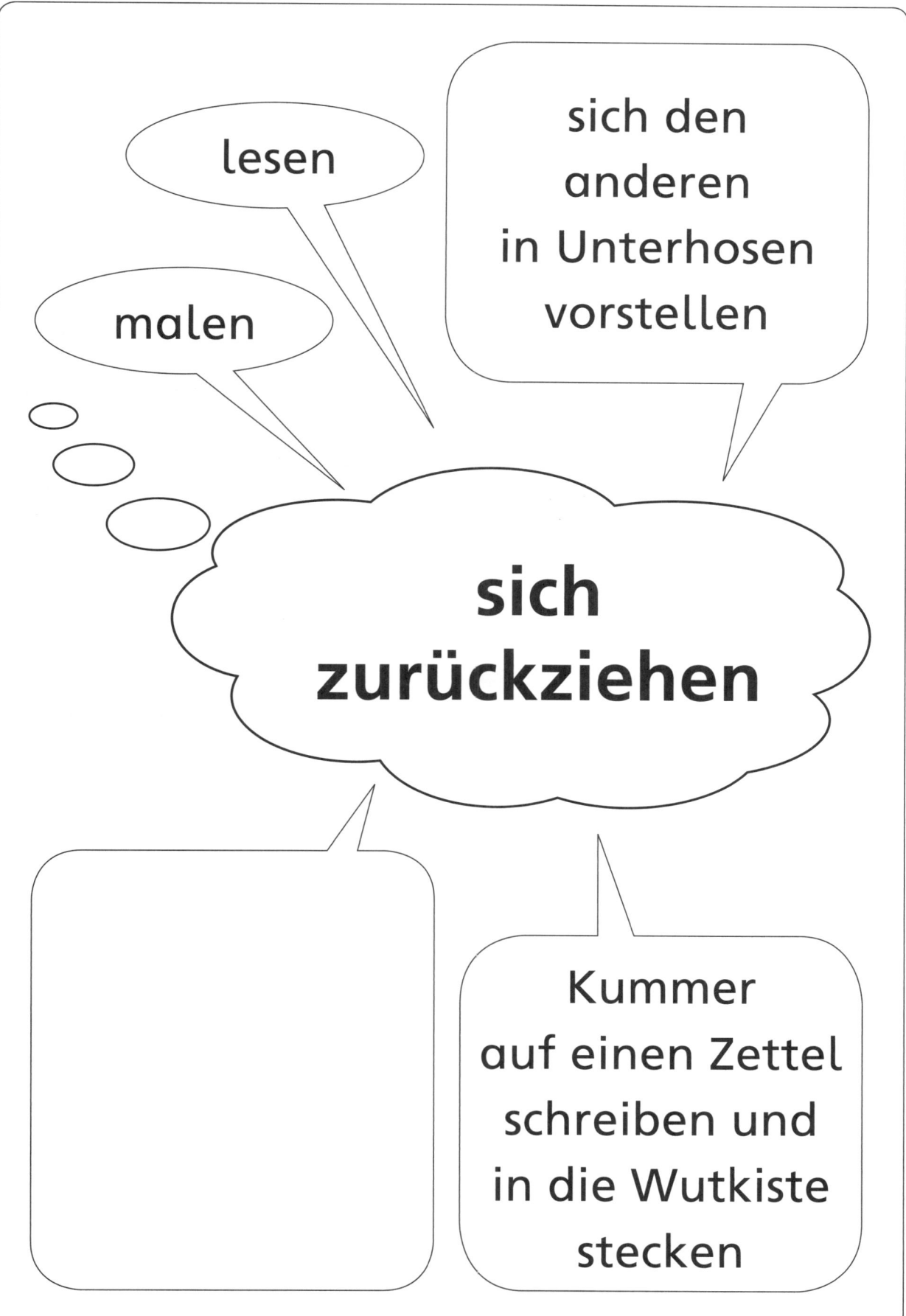

Kopiervorlage 14: Möglichkeiten der Impulssteuerung (Schülerarbeitsblatt)

© Bildungshaus Schulbuchverlage Westermann Schroedel Diesterweg Schöningh Winklers GmbH, Braunschweig 2008, ISBN 978-3-14-163039-8

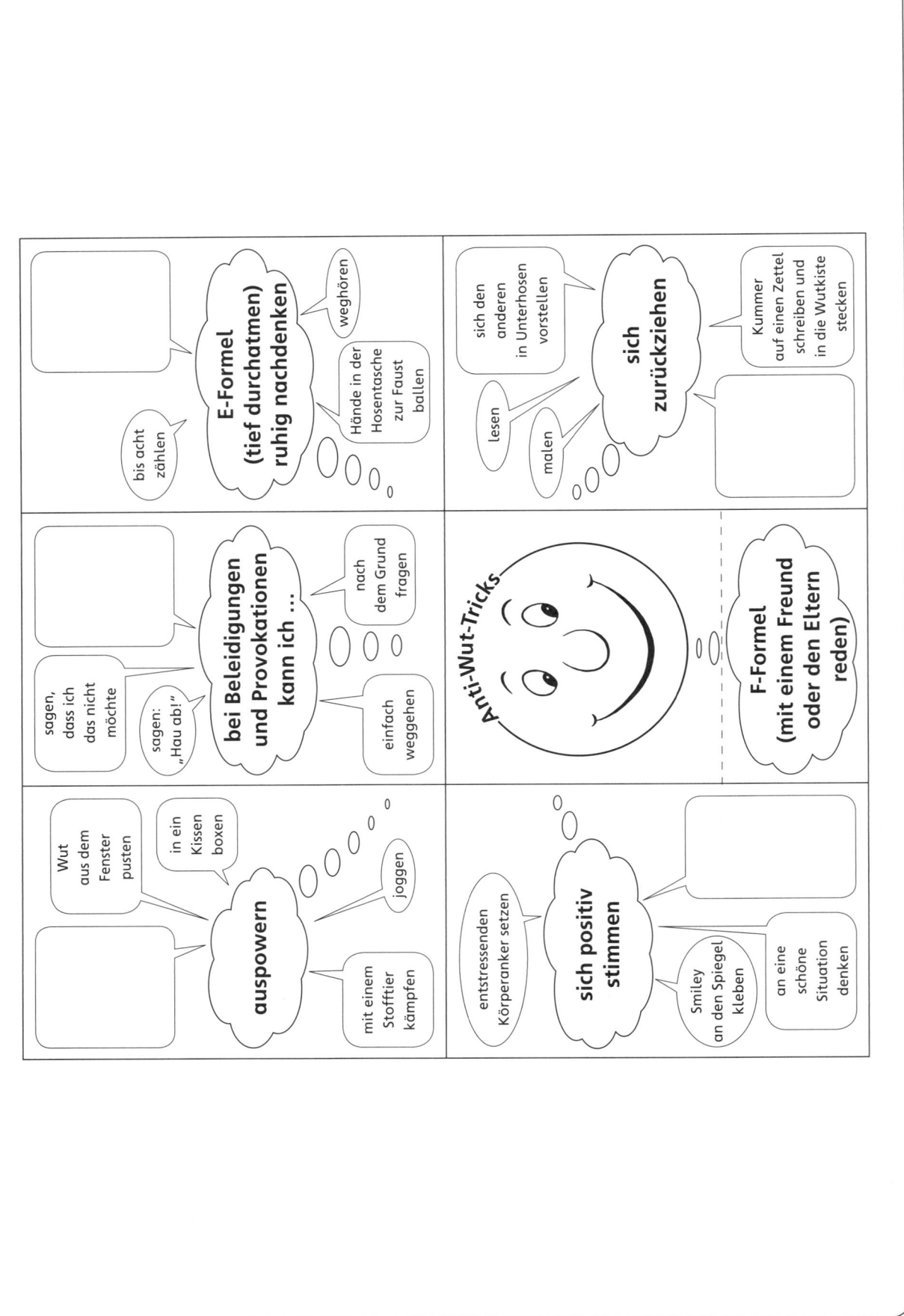

Kopiervorlage 15: Smileys

14

Durchführungsplan 7

Senden von Ich-Botschaften

Lernziele:	Unterrichtsschritte	◆ Medien / ● Sozialform
LZ 1: Schüler sollen das Erarbeitete der letzten Stunde vertiefend wiederholen.	▶ S kennzeichnen auf der Stimmungsleiste ihre aktuelle Stimmung. ▶ Hausaufgabenbesprechung: S tragen Erprobtes und eigene neue Ideen zur Impulssteuerung vor.	● Sitzkreis ◆ **KV 8** – Stimmungsleiste
LZ 2: Schüler sollen erfahren, dass durch genaues Beobachten der Aktionen und Reaktionen der Mitspieler ein Spielerfolg möglich ist.	▶ Warming-up und Hinführung zum Stundenthema durch das Spiel „Zuzwinkern" – Normalvariante: S bilden einen doppelten Stehkreis mit jeweils zwei Partnern hintereinander. Alle im äußeren Kreis stehenden S sollen die Hände hinter dem Rücken zusammenhalten. Einer von ihnen hat keinen Partner vor sich. Deshalb will er seinen freien Platz besetzen und versucht nun, einen anderen Schüler aus dem Innenkreis durch Zuzwinkern „heranzulocken". Der Angezwinkerte wechselt schnell den Platz, aber der hinter ihm Stehende will das verhindern und ihn zurückhalten (nur an die Schultern fassen!). Gelingt ihm das nicht, ist er an der Reihe mit dem Zuzwinkern usw.	● Großgruppe ● Doppelter Stehkreis ● Kooperations- und Geschicklichkeitsspiel
LZ 3: Schüler sollen erkennen, dass in Du-Botschaften nicht nur beim Empfänger, sondern auch beim Sender keine positiven Gefühle aufkommen können.	▶ Spiel „Zuzwinkern": abgewandelte Variante 1 in Verbindung mit Du-Botschaften. ◆ L übernimmt zu Spielbeginn den Part des Zuzwinkernden. Jedoch begleitet er das Zuzwinkern verbal mit Aussagen in Befehlsform (Du-Botschaft) z.B. „Los, komm her!" oder wenn der Angesprochene es nicht geschafft hat, den Platz zu wechseln „Immer kannst du nicht aufpassen!" ◆ Danach flüstert L dem jeweiligen S, der mit dem Zuzwinkern an der Reihe ist, eine Du-Botschaft ins Ohr, die der S nachsprechen soll wie z.B. „Los, beweg dich her zu mir! – Hey du da, mit der komischen Hose, beeil dich mal! – Guck nicht so blöd, ich meine dich!" – oder im Nichterfolgsfall: „Du Penner, du brauchst gar nicht mehr mitzuspielen! – Immer verdirbst du mir den Spaß!" ▶ S äußern ihr Unbehagen und reflektieren das Erlebte. ▶ L erklärt, dass diese Botschaften Du-Botschaften waren, die keinen zufriedenstellten, und führt anknüpfend an das Stundenthema aus, dass die S andere Möglichkeiten kennen lernen werden, die es erlauben, gut miteinander auszukommen.	● Großgruppe ● Doppelter Stehkreis ● Rollenspiel (Du-Botschaft) ● Sitzkreis ● Unterrichtsgespräch
LZ 4: Schüler sollen erfahren, dass die Wortwahl entscheiden kann über das Entstehen positiver Gefühle sowohl beim Sender als auch beim Empfänger.	▶ Spiel „Zuzwinkern": abgewandelte Variante 2 als Rollenspiel in Verbindung mit Ich-Botschaften. ◆ L übernimmt zu Spielbeginn den Part des Zuzwinkernden und begleitet sein Zuzwinkern mit Worten in Form einer Ich-Botschaft wie z.B. ◆ **„Ich würde mich freuen**, wenn du zu mir kommst." – Dazu legt er einen Satzstreifen mit der entsprechenden Satzanfangsformulierung (**KV 16** – Satzstreifen „Zauberwörter") in die Mitte.	● Rollenspiel (Ich-Botschaft) ◆ **KV 16** – Satzstreifen „Zauberwörter"

Lernziele:	Unterrichtsschritte	◆ Medien / ● Sozialform
	▶ Danach flüstert L den S, die mit dem Zuzwinkern an der Reihe sind, jeweils eine Ich-Botschaft ins Ohr, die sie nachsprechen. → Auch hier erfolgt die visuelle Unterstützung durch entsprechende Satzanfänge: ◆ *„Ich hätte gern, dass du dich vor mich stellst."* ◆ *„Ich bitte dich, zu mir zu kommen."* ◆ *„Ich wünsche mir von dir, dass du ganz schnell zu mir kommst!"* ▶ S äußern ihr positives Gefühl und reflektieren das Erlebte.	● Sitzkreis ● Unterrichtsgespräch
LZ 5: Schüler sollen erkennen, was Ich-Botschaften sind.	▶ L: *„Beim letzten Spiel ging es euch ja richtig gut. Ihr zeigtet dabei positive Gefühle. Weshalb? Habt ihr alle* **gezaubert?"** → Stummer L-Impuls durch Hinweis auf die noch in der Mitte liegenden Satzanfänge von Ich-Botschaften. ▶ S lesen die Satzanfänge nochmals vor und äußern Vermutungen (Begriff **„Zauberwörter"**). ▶ L-Fragen wie: *„Habt ihr mit diesen Wörtern jemanden beleidigt – beschimpft – vom Spiel ausgeschlossen? Habt ihr von jemandem schlecht geredet?"* sollen die S nachdenken lassen über sprachliche Ausdrucksweisen. ▶ Die L-Fragen (mit ggf. stummem Verweis auf das ausgelegte Plakat **KV 16** – Plakat „Zauberwörter") *„Welches Wort habt ihr beim ersten Satz immer zuerst gesagt? Womit hat eure* **Botschaft** *immer begonnen?"* sollen die S zur Formulierung (mit Verweis auf die ausliegenden Zauberwörter) **„Ich-Botschaft"** bringen. ▶ Einige S nehmen aus der Kreismitte die Satzstreifen **(KV 16)** und lesen die Inhalte vor.	● Sitzkreis ◆ **KV 16** – Klassenplakat: „Zauberwörter" ● Unterrichtsgespräch
LZ 6: Schüler sollen aus einer Fall-Situation heraus die so genannten „Zauberwörter" als Schlüsselwörter für Ich-Botschaften verwenden.	▶ S finden sich zu Vierer-Gruppen zusammen und erhalten pro Gruppe einen Satz „Zauberwörter-Kärtchen" (**KV 17** – Zauberwörter-Kärtchen → Satzanfänge für Ich-Botschaften) zum Ausschneiden. Dann zieht jeder S eines der verdeckt liegenden „Zauberwörter-Kärtchen" und erhält den Auftrag, die Aussagen, die im Fallbeispiel 1 **(KV 18)** getroffen wurden, entsprechend seinem Kärtchen mit dem vorgegebenen „Zauberwort" in eine Ich-Botschaft umzuformulieren. ◆ Fallbeispiel 1: Die Schüler sollen mit dem Bleistift in ihrem Rechenheft schwarz-graue Muster malen. Dabei bricht Lisas Bleistift ab. Da Lisa ihren Anspitzer vergessen hat, möchte sie sich einen bei ihrer Nachbarin Katja ausleihen. Lisa sagt zu Katja: „Gib mir deinen Anspitzer!" Doch Katja will ihn nicht hergeben. Darauf antwortet Lisa: „Sei doch nicht so gemein. Ich kann ja gar nicht weitermachen." ◆ Differenzierungsaufgabe Fallbeispiel 2: Hassan möchte gern, dass seine Mutter ihm vor dem Einschlafen eine kleine Geschichte vorliest. Hassan sagt: „Du musst mir eine Geschichte vorlesen." (L geht als Beobachter/Helfer von Gruppe zu Gruppe.)	◆ Schere ● Kleingruppenarbeit (Vierer-Gruppe) ◆ **KV 17** – Zauberwörter-Kärtchen (Satzanfänge für Ich-Botschaften) ◆ **KV 18** – Fallbeispiele

Lernziele:	Unterrichtsschritte	◆ Medien / ● Sozialform
LZ 7: Schüler sollen erkennen, dass eine Ich-Botschaft – mit einer Gefühlsäußerung, einem Wunsch und einer Begründung – in ihrer erklärenden Wirkung beim Gegenüber nicht Widerstand, sondern eher Einsicht entstehen lässt.	▶ Spiel „Zuzwinkern": abgewandelte Variante 3a als Rollenspiel: ◆ L übernimmt zu Spielbeginn den Part des Zuzwinkernden und instruiert (leise ins Ohr mit „Vorwarnung" des Folgenden) einen S, dem er gleich zuzwinkern wird, nicht aufzupassen und nicht zu reagieren. ◆ L zwinkert dem S zu und weil der entsprechend der Instruktion nicht aufgepasst hat, sagt der L zu ihm: *„Du Schlafmütze, sei nicht immer so unaufmerksam und pass endlich auf!"* ▶ S reflektieren den Zusammenhang von Gefühl und Sprache. ▶ Spiel „Zuzwinkern": abgewandelte Variante 3b als Rollenspiel: ◆ L übernimmt zu Spielbeginn den Part des Zuzwinkernden und instruiert (leise ins Ohr) denselben S, wiederum nicht aufzupassen und nicht zu reagieren. ◆ Nachdem der S der Instruktion entsprechend gehandelt hat, formuliert der L in Form der Ich-Botschaft: *„Mich **stört**, wenn du nicht aufpasst. **Ich bin** traurig, dass du mein Zuzwinkern nicht bemerkst, und **ich würde mich freuen**, wenn du zu mir schaust, damit ich dich an meinen freien Platz holen kann."* ▶ S reflektieren das entstandene Gefühl mit der Einsicht sowie die Sprache. Hierzu L-Verweis auf **(KV 19)** Plakat → Satzanfänge für Ich-Botschaften.	● Rollenspiel ● Unterrichtsgespräch ● Rollenspiel ◆ KV19 – Plakat: Satzanfänge für Ich-Botschaften ● Unterrichtsgespräch
LZ 8: Schüler sollen sich durch das schriftliche Bearbeiten einer neuen Fallsituation intensiver mit der Formulierung einer Ich-Botschaft auseinandersetzen.	▶ Anhand des Arbeitsblattes **(KV 20)** wandeln die S gemeinsam mit einem Partner die Aussagen in dem Fallbeispiel 3 durch das Vollenden gegebener Satzanfänge in eine Ich-Botschaft um. Fallbeispiel 3: Die Schüler spielen das Spiel „Zuzwinkern". Mario zwinkert Tim zu. Doch der ist unaufmerksam, weil er zu einem anderen Kind schaut. Deshalb kann er von seinem Hintermann festgehalten werden. Da schimpft Mario: „Du hast wohl keine Augen im Kopf! Du verdirbst mir den Spaß. Freunde passen auf!" Dann versucht Mario Tim ein zweites Mal durch Zuzwinkern zu sich zu holen, aber Tim steht wie erstarrt und wird natürlich wieder festgehalten.	● Partnerarbeit ◆ KV 19 – Plakat: Satzanfänge für Ich-Botschaften ◆ KV 20 – Schülerarbeitsblatt: Umwandeln einer Du- in eine Ich-Botschaft
LZ 9: Schüler sollen ihre Gefühle beim Senden und Empfangen von Ich-Botschaften verbalisieren und dadurch den Effekt einer Ich-Botschaft verinnerlichen.	▶ S stellen beide Kommunikationsformen einander gegenüber und heben das Positive der Ich-Botschaft sowohl für den Sender als auch den Empfänger heraus. Hilfreich ist die Vollendung des Satzanfanges: *„Ich fühle mich bei einer Ich-Botschaft wohl, weil …"* Hinweis: Das Plakat **(KV 21)** mit den Ich-Botschaften dient als visuelle Hilfe.	● Unterrichtsgespräch ◆ KV 21 – Plakat: Ich-Botschaft

Lernziele:	Unterrichtsschritte	◆ Medien / ● Sozialform
LZ 10: Schüler sollen in Form einer Entspannung die erarbeiteten Inhalte Revue passieren lassen.	▶ L-Integration mit Rückblick auf die erarbeiteten Inhalte. S setzen sich entspannt hin und schließen die Augen oder suchen sich für die Augen einen Ruhepunkt. L wiederholt, langsam (!) gesprochen, die wichtigsten Aspekte einer Ich-Botschaft. Nach einem Moment des Einwirkens führt der L die S wieder zurück, indem er sie bittet die Augen zu öffnen, tief aus- und einzuatmen und ihre Hände und Füße zu bewegen. (Hinweis: Diese Anweisungen sind erfahrungsgemäß auch dann sinnvoll, wenn zu Beginn der Integration keine detaillierte Entspannungshinführung gegeben wurde.) ▶ S zeigen ihre Stimmung auf der Stimmungsleiste an.	◆ Entspannungsmusik ◆ CD-Player ● L-Integration ◆ **KV 8** – Stimmungsleiste
LZ 11: Schüler sollen sich zu Hause an die „Zauberwörter" einer „guten Kommunikation" erinnern.	Hausaufgabe: Arbeitsblatt (**KV 22** → Zauberwörter) bearbeiten, als Schmuckblatt gestalten und als Plakat zu Hause aufhängen.	◆ **KV 22** – Schülerarbeitsblatt / Plakat (Zauberwörter)

COPY

Zauberwörter

Ich <u>hätte gern</u>, dass …

Ich <u>wünsche</u> mir von dir …

Ich <u>bitte</u> dich um …

Ich <u>würde</u> mich <u>freuen</u>, wenn …

© Bildungshaus Schulbuchverlage Westermann Schroedel Diesterweg Schöningh Winklers GmbH, Braunschweig 2008, ISBN 978-3-14-163039-8

westermann®

© Bildungshaus Schulbuchverlage Westermann Schroedel Diesterweg Schöningh Winklers GmbH, Braunschweig 2008, ISBN 978-3-14-163039-8

Zauberwörterkärtchen

Schneide die Kärtchen an den gestrichelten Linien aus.

Ich **wünsche** mir von dir …

Ich **hätte gern,** dass …

Ich **bitte** dich um …

Ich würde mich **freuen,** wenn …

Ich würde mich **freuen,** wenn …

Ich **wünsche** mir von dir …

Ich **hätte gern,** dass …

Ich **bitte** dich um …

▶ Fall 1

Die Schüler sollen mit dem Bleistift in ihrem Rechenheft schwarz-graue Muster malen. Dabei bricht Lisas Bleistift ab. Da Lisa ihren Anspitzer vergessen hat, möchte sie sich einen bei ihrer Nachbarin Katja ausleihen. Lisa sagt zu Katja: „Gib mir deinen Anspitzer." Doch Katja will ihn nicht hergeben. Darauf antwortet Lisa: „Sei doch nicht so gemein. Ich kann ja gar nicht weitermachen."

▶ Fall 2

Hassan möchte gern, dass seine Mutter ihm vor dem Einschlafen eine kleine Geschichte vorliest.
Hassan sagt: „Du musst mir eine Geschichte vorlesen."

© Bildungshaus Schulbuchverlage Westermann Schroedel Diesterweg Schöningh Winklers GmbH, Braunschweig 2008, ISBN 978-3-14-163039-8

Mich **stört**, wenn du _____

Ich **fühle** mich /
Ich **bin** _____

und ich **möchte**,
dass / ich **würde**
mich freuen,
wenn _____

© Bildungshaus Schulbuchverlage Westermann Schroedel Diesterweg Schöningh Winklers GmbH, Braunschweig 2008, ISBN 978-3-14-163039-8

Ich-Botschaften formulieren

▶ **Lies dir bitte dieses Fallbeispiel durch.**

Die Schüler spielen das Spiel „Zuzwinkern".

Mario zwinkert Tim zu. Doch der ist unaufmerksam, weil er zu einem anderen Kind schaut. Deshalb kann Tim von seinem Hintermann festgehalten werden.

Da schimpft Mario: „Du hast wohl keine Augen im Kopf! Du verdirbst mir den Spaß. Freunde passen auf!"

Dann versucht Mario, Tim ein zweites Mal durch Zuzwinkern zu sich zu holen, aber Tim steht wie erstarrt und wird natürlich wieder festgehalten.

▶ **Berate dich mit deinem Partner.**

• Wie geht es Tim, und wie geht es Mario? Was meint ihr?

• Wie kann die **Ich-Botschaft** lauten, mit der es Mario vielleicht eher geschafft hätte, Tim zu sich zu holen?

• Benutze die unten stehenden Satzanfänge und schreibe eine **Ich-Botschaft**.

Schreibe weiter:

Mich stört, wenn du _____

Ich fühle mich / Ich bin _____

_____

und ich möchte, dass / ich würde mich freuen, wenn _____

_____

© Bildungshaus Schulbuchverlage Westermann Schroedel Diesterweg Schöningh Winklers GmbH, Braunschweig 2008, ISBN 978-3-14-163039-8

westermann®

Kopiervorlage 21: Ich-Botschaft (Klassenplakat)

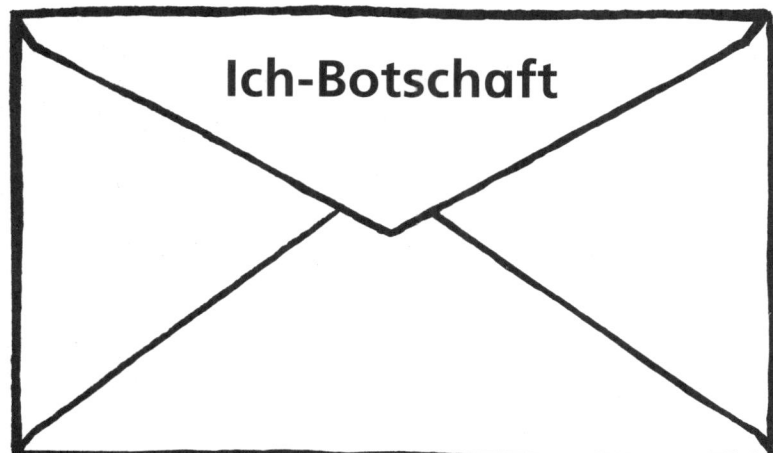

Ich-Botschaft

- **Klare deutliche Sprache**
  Ich spreche ohne Beleidigungen
  oder Befehle.

- **Gefühle mitteilen**
  Ich sage, was ich fühle.

- **Wünsche und Bitten äußern**
  Ich sage, was ich mir wünsche,
  was ich gerne hätte.

- **Tipp**
  Ich kann sagen: Weil ich …,
  bitte ich dich um …

Zauberwörter

Ich [＿＿＿＿＿＿＿] , dass …

Ich [＿＿＿＿＿＿＿] dich um …

Ich [＿＿＿＿＿＿＿] mir von dir
…

Ich würde mich [＿＿＿＿＿＿＿] ,
wenn …

Aufgabe: Schneide die Zauberwörter aus und klebe sie oben in die Leerfelder –
gestalte alles als Schmuckblatt – schneide den unteren Abschnitt ab – und hänge
dein Plakat gut sichtbar zu Hause auf.

wünsche	freuen
hätte gern	**bitte**

© Bildungshaus Schulbuchverlage Westermann Schroedel Diesterweg Schöningh Winklers GmbH, Braunschweig 2008, ISBN 978-3-14-163039-8

westermann

Durchführungsplan 8

15

Guter Kontakt durch „Giraffensprache"

Lernziele:	Unterrichtsschritte	♦ Medien / ● Sozialform
LZ 1: Die Schüler sollen eine Motivationshaltung entwickeln.	▶ Stummer Impuls durch das Motivationsplakat **(KV 23)**: Giraffisch ist der größte Hit ▶ L führt Rap **(KV 24)** „Giraffisch ist der größte Hit" vor.	● Sitzkreis ♦ **KV 23** – Motivations-plakat ♦ **KV 24** – Rap
LZ 2: Die Schüler sollen die Wesensmerkmale der Giraffe kennen lernen und erkennen, dass sie als Symbol für eine Sprache steht, die friedlich und dem anderen zugewandt ist.	▶ L beantwortet die S-Fragen nach der Bedeutung „giraffisch". *„Giraffisch" hat etwas mit einem Tier zu tun, das als Landtier das „größte" Herz hat. Es ist das Tier mit einem großen Überblick, weil es einen langen Hals hat und die Welt von oben sieht. Es lebt friedlich mit anderen Tieren zusammen.* ▶ *Es gibt auch eine Sprache, die nach diesem Tier (S benennen es) benannt ist. Es ist die Giraffensprache. Genau sie ist unser heutiges Stundenthema. Die **Giraffen-sprache** – sie heißt so, weil auch sie friedlich ist, aus dem Überblick heraus geschieht und aus großem Herzen heraus niemanden herabsetzt. Auf dem Plakat (KV 25a) hier seht ihr das Wichtigste."* ▶ S lernen anhand dieses Plakates die drei wichtigsten Merkmale kennen: ✳ Ich sage dem anderen, was mich **stört**, ohne ihn zu beleidigen. ✳ Ich sage, was ich **fühle**. ✳ Ich sage deutlich, was ich **wünsche**.	● Lehrervortrag ♦ **KV 25a** – Klassenplakat 1 „Giraffensprache" ♦ **KV 25b** – Beispiele „Giraffensprache"
LZ 3: Die Schüler sollen die Parallelen zur Ich-Botschaft erkennen.	▶ S reflektieren → sie ziehen anhand des Plakates **(KV 26)** Parallelen zur Ich-Botschaft (Aha-Erlebnisse).	♦ **KV 26** – Klassenplakat 2 „Giraffische Zauberwörter" ● Unterrichtsgespräch
LZ 4: Die Schüler sollen kurz in die Wolfssprache eingeführt werden, um sich der Wirkung der negativen Sprache bewusst zu werden.	▶ L verweist auf die (Du-Botschaft-) Aussagen der letzten Stunde, die nur negative Gefühle hervorbrachten – sowohl beim Empfänger als auch beim Sender – und dass solche Du-Botschaften teils unbewusst sehr häufig gesendet werden. *„Diese Sprache (‚immer musst du …, nie kannst du …, du bist blöd, mit dir spielen wir nicht mehr'), in der verallgemeinert, schlecht über jemanden geredet, jemand beleidigt oder auch ausgeschlossen wird und in der eigene Gefühle nicht offenbart werden, wird auch **Wolfssprache** genannt. Das Bild des Wolfes wird hier verwendet, weil der Wolf als angriffsfreudig gilt."* Anhand des Plakates Wolfssprache **(KV 27a–b)** reflek-tieren die S über die Art und Weise dieser Sprache und über deren Wirkung. ▶ S lesen und kommentieren die „Nein-Inhalte" des Plakates.	♦ **KV 27a–b** – Klassen-plakat Teil 1, Teil 2 „Wolfssprache" ● Unterrichtsgespräch

Lernziele:	Unterrichtsschritte	◆ Medien / ● Sozialform
LZ 5: Die Schüler sollen zwischen der Wolfs- und der Giraffensprache unterscheiden lernen und sich darin üben.	▶ L legt in die Kreismitte die Satzstreifen von Botschaften in der Giraffen- und Wolfssprache **(KV 28a–b)** (Hinweis: Nicht alle Satzstreifen müssen bearbeitet werden). ▶ Jeweils zwei S entnehmen der Kreismitte einen Satzstreifen, lesen ihn gemeinsam durch und beraten sich über dessen Zuordnung – ob zur Wolfs- oder zur Giraffensprache. ▶ S präsentieren nacheinander ihr Ergebnis: Ein Partner liest die Botschaft vor, und der andere hält dazu die entsprechende Stabpuppe (herstellbar aus **KV 29** und **KV 30**) hoch. ▶ Die anderen S begleiten das Geschehen reflektierend. - **Alternativ-Vorschlag:** ▶ L legt im Abstand von ca. 2 m zwei Reifen (Sporthandmaterial) in die Kreismitte und in den Zwischenraum die Satzstreifen von Botschaften in der Giraffen- und Wolfssprache **(KV 28a–b)**. Die Reifen enthalten als visuelle Verstärkung ◆ der Wolfssprache das Wolfssymbol **(KV 29)** und ◆ der Giraffensprache das Giraffensymbol **(KV 30)**. ▶ Je zwei S sollen nacheinander einen Satzstreifen aus der Mitte nehmen, den Inhalt vorlesen und sich entscheiden, in welche Kategorie (Wolfs- oder Giraffensprache) die Botschaft einzuordnen ist und dorthin ablegen. ▶ Die anderen S begleiten das Geschehen reflektierend. **Hinweis:** Je nach Klassensituation ist zu entscheiden, ob der nächste Unterrichtsschritt mit dem LZ 6 absolviert oder ausgelassen werden soll.	● Sitzkreis ◆ KV 28a–b – Satzstreifen ◆ **KV 29** und **KV 30** – 2 Stabpuppen ● Partnerarbeit ● Unterrichtsgespräch - - - - - - - - - - - - - ◆ 2 Reifen ◆ **KV 28a–b** – Satzstreifen ◆ **KV 29** – Symbol für Wolfssprache (Stabpuppe) ◆ **KV 30** – Symbol für Giraffensprache (Stabpuppe) ● Großgruppe
LZ 6: Die Schüler sollen erkennen, dass durch das Anwenden sprachlich angemessener Reaktionen mittels der Giraffensprache nur das unerwünschte Verhalten beschrieben und die Person selber nicht abgewertet wird und dass dadurch ein guter zwischenmenschlicher Kontakt erreicht wird.	▶ S bearbeiten mit einem Partner zusammen ein Arbeitsblatt **(KV 31a)**. Hier filtern sie im Ankreuzverfahren aus diversen Aussagen nur die der Giraffensprache heraus und vergleichen ihre Ergebnisse anhand des aushängenden Lösungsblattes **(KV 31b)**. Wichtig ist das Ziehen des Fazits, dass in der Giraffensprache nur das unerwünschte Verhalten beschrieben und nicht die Person abgewertet wird. - **Alternativ-Vorschlag:** ▶ S bearbeiten in Partnerarbeit das Arbeitsblatt **(KV 32a)**. Hier wandeln sie mit Hilfe vorgegebener Satzanfänge eine Aussage in der Wolfssprache in die Giraffensprache um und vergleichen ihr Lösungsergebnis. (Hinweis: Alternativ dazu kann auch arbeitsteilige Gruppenarbeit angeboten werden anhand des weiteren Schülerarbeitsblattes **(KV 32b)**. ▶ Vor dem Plenum präsentieren die S ihre Ergebnisse in der Form eines Rollenspiels. ▶ Wichtig ist das Ziehen des Fazits, dass in der Giraffensprache nur das unerwünschte Verhalten beschrieben und nicht die Person abgewertet wird.	● Partnerarbeit ◆ **KV 31a** – Schülerarbeitsblatt ◆ **KV 31b** – AB-Lösungen ● Unterrichtsgespräch - - - - - - - - - - - - - ● Partnerarbeit ◆ **KV 32a** – Schülerarbeitsblatt ◆ ggf. **KV 32b** ● Präsentation im Plenum

90

Kopiervorlage 23: Motivationsplakat

Giraffisch ist der größte Hit ...

... da mache ich natürlich mit!

COPY

Refrain:

Gi-	raf-	fisch	ist	der	größ-	te	Hit,
da	ma-	che	ich	na-	tür-	lich	mit.

Ich	schau	dich	an	und	hör	dir	zu
und	füh-	le	mich	selbst	wohl	im	Nu.
Ich	kann	dir	sa-	gen,	was	ich	mag.
Du	kannst	mir	sa-	gen,	was	dich	plagt.
Ich	kann	dir	sa-	gen	bit-	te	sehr,
das	hät-	te	ich	sehr	gern	von	dir.

Refrain:

Gi-	raf-	fisch	ist	der	größ-	te	Hit,
da	ma-	che	ich	na-	tür-	lich	mit.

Selbst	wenn	ich	ein-	mal	trau-	rig	bin,
darf	ich's	dir	sa-	gen	und	ge-	winn,
dass	du	für	mich	Ver-	ständ-	nis	hast
und	mich	auch	nicht	da-	für	aus-	lachst.

Refrain:

Gi-	raf-	fisch	ist	der	größ-	te	Hit,
da	ma-	che	ich	na-	tür-	lich	mit.

Und	sieh	und	sieh	und	sie-	he	da,
das	wirkt	doch	wirk-	lich	wun-	der-	bar.

Refrain:

Gi-	raf-	fisch	ist	der	größ-	te	Hit,
da	ma-	mach	ich	mit,	da	mach	ich	mit.

© Bildungshaus Schulbuchverlage Westermann Schroedel Diesterweg Schöningh Winklers GmbH, Braunschweig 2008, ISBN 978-3-14-163039-8

westermann®

Ja bitte

Giraffensprache

▶ friedlich
▶ aus großem Herzen
▶ die Lage überblickend

Ich sage dir, was mich **stört, ohne** dich zu **beleidigen**.

Ich sage dir, was ich **fühle**.

Ich sage dir deutlich, was ich mir **wünsche** oder um was ich dich bitte.

Ich benutze die **Zauberwörter**

© Bildungshaus Schulbuchverlage Westermann Schroedel Diesterweg Schöningh Winklers GmbH, Braunschweig 2008, ISBN 978-3-14-163039-8

Beispiele

„Ich fühle mich schlecht, wenn du so über mich sprichst."

„Mich stört, wenn du so etwas sagst."

© Bildungshaus Schulbuchverlage Westermann Schroedel Diesterweg Schöningh Winklers GmbH, Braunschweig 2008, ISBN 978-3-14-163039-8

westermann®

© Bildungshaus Schulbuchverlage Westermann Schroedel Diesterweg Schöningh Winklers GmbH, Braunschweig 2008, ISBN 978-3-14-163039-8

Einfach giraffisch!
Zauberwörter

Ich **hätte gern,** dass …

Ich **bitte** dich um …

Ich **wünsche** mir von dir …

Ich **würde mich freuen,** wenn …

Nein
danke!

Wolfssprache

© Bildungshaus Schulbuchverlage Westermann Schroedel Diesterweg Schöningh Winklers GmbH, Braunschweig 2008, ISBN 978-3-14-163039-8

	mit **Worten** jemanden **verletzen**
	**schlecht** über den anderen **reden**
	dem anderen **keine Wahl** lassen, über ihn **bestimmen**
	voller **Wut** reden und **Streit** suchen

Kopiervorlage 27b: Wolfssprache (Klassenplakat, Teil 2)

© Bildungshaus Schulbuchverlage Westermann Schroedel Diesterweg Schöningh Winklers GmbH, Braunschweig 2008, ISBN 978-3-14-163039-8

Nein

„Du bist doch einfach zu blöd!"

Nein

Ana sagt zu Ena Folgendes hinter Inas Rücken: *„Ina ist eine ganz falsche Ziege!"*

Nein

„In der Pause spielst du nicht mit!"

Nein

„Halt's Maul, du dumme Gans!"

Wenn du mir nicht sofort deinen Anspitzer gibst, bist du nicht mehr meine Freundin.

Ich habe gesehen, dass dein Lineal auf die Erde gefallen ist.

Ich wünsche mir vor dem Schlafengehen eine kleine Geschichte von dir.

Du bist ein Idiot.

Es tut mir leid, dass ich dich aus Versehen verletzt habe.

Es stört mich, wenn du so dicht an mir vorbeiläufst. Ich habe dann Angst, dass du mich umrennst und ich würde mich freuen, wenn du etwas mehr Rücksicht auf mich nimmst.

© Bildungshaus Schulbuchverlage Westermann Schroedel Diesterweg Schöningh Winklers GmbH, Braunschweig 2008, ISBN 978-3-14-163039-8

Ena ist eine ganz hinterlistige Person.

Ich würde mich freuen, wenn ich in den Ferien mit dir Schwimmen gehen könnte.

Immer musst du in der Nase bohren. Das gehört sich nicht.

Ich bin traurig, wenn du hinter meinem Rücken redest. Ich möchte, dass du das lässt.

Halt´s Maul, du blöder Ochse!

Ich hätte gern, dass du pünktlich kommst, damit wir zusammen anfangen können.

Nie darf ich etwas allein machen. Geh weg!

© Bildungshaus Schulbuchverlage Westermann Schroedel Diesterweg Schöningh Winklers GmbH, Braunschweig 2008, ISBN 978-3-14-163039-8

Kopiervorlage 29: Symbol für Wolfssprache (Stabpuppe)

Kopiervorlage 30: Symbol für Giraffensprache (Stabpuppe)

Finde **nur** die Aussagen in der **Giraffensprache** heraus und **kreuze** diese an!

Aussagen	Giraffensprache? Wenn ja: ✗
Wenn du mir nicht sofort den Ball gibst, spiele ich nie mehr mit dir.	
Ich habe gesehen, dass dein Heft auf die Erde gefallen ist.	
Ich wünsche mir vor dem Schlafengehen eine kleine Massage von dir.	
Du bist doch einfach zu blöd.	
Es tut mir leid, dass ich dich angestoßen habe.	
Wenn du so dicht an mir vorbeiläufst, habe ich Angst, weil ich denke, du rennst mich um, und ich möchte, dass du etwas mehr Rücksicht auf mich nimmst.	
Ina ist eine ganz falsche Ziege.	
Ich würde mich freuen, wenn ich in den Ferien mit dir Radfahren könnte.	
Immer musst du rülpsen. Das macht man nicht.	
Ich bin traurig, dass du über mich redest, wenn ich nicht dabei bin. Ich möchte, dass du das lässt.	
Halt's Maul, du dumme Gans!	
Ich hätte gern, dass du pünktlich kommst, damit wir zusammen anfangen können.	
Nie lässt du mich etwas allein machen. Immer musst du deinen Senf dazugeben.	
Du Penner, du raffst auch gar nichts!	
Wenn du mich beim Schaukeln anschubst, fühle ich mich unsicher, weil ich dann beinahe vom Brett rutsche, und ich möchte gern in Ruhe weiterschaukeln.	

Finde mindestens noch ein eigenes **Beispiel für die Giraffensprache**:

_____

_____

_____

© Bildungshaus Schulbuchverlage Westermann Schroedel Diesterweg Schöningh Winklers GmbH, Braunschweig 2008, ISBN 978-3-14-163039-8

Kopiervorlage 31b: Aussagen unterscheiden: Du- oder Ich-Botschaft (Lösungen)

Finde **nur** die Aussagen in der **Giraffensprache** heraus und **kreuze** diese an!

Aussagen	Giraffensprache? Wenn ja: ✗
Wenn du mir nicht sofort den Ball gibst, spiele ich nie mehr mit dir.	
Ich habe gesehen, dass dein Heft auf die Erde gefallen ist.	✗
Ich wünsche mir vor dem Schlafengehen eine kleine Massage von dir.	✗
Du bist doch einfach zu blöd.	
Es tut mir leid, dass ich dich angestoßen habe.	✗
Wenn du so dicht an mir vorbeiläufst, habe ich Angst, weil ich denke, du rennst mich um, und ich möchte, dass du etwas mehr Rücksicht auf mich nimmst.	✗
Ina ist eine ganz falsche Ziege.	
Ich würde mich freuen, wenn ich in den Ferien mit dir Radfahren könnte.	✗
Immer musst du rülpsen. Das macht man nicht.	
Ich bin traurig, dass du über mich redest, wenn ich nicht dabei bin. Ich möchte, dass du das lässt.	✗
Halt´s Maul, du dumme Gans!	
Ich hätte gern, dass du pünktlich kommst, damit wir zusammen anfangen können.	✗
Nie lässt du mich etwas allein machen. Immer musst du deinen Senf dazugeben.	
Du Penner, du raffst auch gar nichts!	
Wenn du mich beim Schaukeln anschubst, fühle ich mich unsicher, weil ich dann beinahe vom Brett rutsche, und ich möchte gern in Ruhe weiterschaukeln.	✗

Finde mindestens noch ein eigenes **Beispiel für die Giraffensprache**:

_____

_____

_____

© Bildungshaus Schulbuchverlage Westermann Schroedel Diesterweg Schöningh Winklers GmbH, Braunschweig 2008, ISBN 978-3-14-163039-8

Arbeitsauftrag:

1. Knicke bitte den unteren Teil dieses Arbeitsblattes bei der gestrichelten Linie nach hinten um.

2. Lies das Fallbeispiel und die wörtliche Rede in der Wolfssprache:
   Peter und Max machen zusammen eine Radtour. Peter ist das Geradeausfahren zu langweilig. Er fährt deshalb Slalom und immer ganz dicht an Max heran, sodass er ihn beinahe mit dem Lenker berührt. Max bekommt Angst und schimpft:
   „Du bist wohl bescheuert! Hör auf, du Idiot!" Aber Peter macht weiter.

3. Was hätte Max sagen können, damit Peter aufhört, ihn zu ängstigen?
   Berate dich mit deinem **Partner** oder in der **Gruppe**.

   TIPP: Die Satzanfänge im Kasten helfen dir.

4. Schreibt euer Ergebnis in den Kasten:

   Mich **stört**, wenn du _____

   Ich fühle mich / **Ich bin** _____ , weil ich _____

   und **ich möchte** / **ich würde mich freuen**, wenn _____

   _____

   Merke:
   Mit der **Giraffensprache** beschreibst du <u>das unerwünschte Verhalten</u> und wertest die Person nicht ab.

(Knicklinie)

- -

Lösungsvorschlag (Giraffensprache):
Mich stört, wenn du so dicht an mich heranfährst.
Ich bin dann ängstlich, weil ich hinfallen könnte
und ich möchte, dass du das sein lässt, damit wir beide Spaß haben können.

Kopiervorlage 32b: Von der Wolfssprache zur Giraffensprache (Schülerarbeitsblatt 2)

© Bildungshaus Schulbuchverlage Westermann Schroedel Diesterweg Schöningh Winklers GmbH, Braunschweig 2008, ISBN 978-3-14-163039-8

Arbeitsauftrag:

1. Knicke bitte den unteren Teil dieses Arbeitsblattes bei der gestrichelten Linie nach hinten um.

2. Lies das Fallbeispiel und die wörtliche Rede in der Wolfssprache:
Kerim fährt mit seinem Rad ganz dicht an Ertan vorbei, der auf einem Baumstamm balanciert und beinahe abrutscht. Ertan fühlt sich gestört und beschimpft ihn:
„Du spinnst wohl! Hau ab! Immer musst du mich ärgern!"
Doch Kerim fährt jetzt erst richtig dicht an Ertan vorbei.

3. Was hätte Ertan sagen können, um von Kerim nicht länger gestört zu werden?
Berate dich mit deinem **Partner** oder in der **Gruppe**.

   TIPP: Die Satzanfänge im Kasten helfen dir.

4. Schreibt euer Ergebnis in den Kasten:

Mich **stört**, wenn du _____

Ich fühle mich / **Ich bin** _____ , weil ich _____

und **ich möchte** / **ich würde mich freuen**, wenn _____

_____

Merke:
Mit der **Giraffensprache** beschreibst du <u>das unerwünschte Verhalten</u> und wertest die Person nicht ab.

(Knicklinie)
- -

Lösungsvorschlag (Giraffensprache):
Mich stört, wenn du so dicht an mich heranfährst.
Ich bin dann ängstlich, weil ich fallen und mich verletzen könnte
und ich würde mich freuen, wenn du das lässt.

16

Durchführungsplan 9

Konflikte mit Worten lösen

Lernziele:	Unterrichtsschritte	◆ Medien / ● Sozialform
LZ 1: Schüler sollen das eigene und fremde Verhalten wahrnehmen und sich bewusst werden, dass sie den anderen genau beobachten müssen, um richtig zu reagieren und sich auf ihn einzustellen.	▶ Warming-up – **Spiel „Fechtmeister":** In jeder Hand wird ein Löffel gehalten. Auf dem einen liegt ein Radiergummi und mit dem anderen gilt es, den Löffel des anderen zu treffen. Direkte Berührungen sind tabu. Sieger ist der, dessen Radiergummi am längsten auf dem Löffel bleibt. ▶ L macht den S bewusst, dass sie den anderen ansehen müssen, um sich auf ihn einzustellen und zielorientiert zu (re-)agieren.	● Kooperationsspiel mit einem Partner ◆ pro Paar 4 Löffel und ◆ 2 Radiergummis
LZ 2: Schüler sollen erfahren, dass das Zuhören ohne Blick-kontakt, Mimik und Gestik schwerfällt und beim Redner den Wunsch erzeugt, das Gespräch abzubrechen.	▶ L stellt die Parallele her zu einer Gesprächssituation, in der das Halten des Blickkontakts und das gute Zuhören ausschlaggebend sind für eine gelingende Kommuni-kation. **Übung 1** (nach R. Mitschka) – **Kommunikation ohne Blickkontakt und ohne Antwortverhalten und damit ohne Feedback des Interaktionspartners:** ▶ Zwei S setzen sich Rücken an Rücken. ▶ Innerhalb der Zeit von zwei Minuten erzählt der eine S dem anderen das, was ihm gerade einfällt. ▶ Der zweite S hat die Aufgabe, gut zuzuhören – aber ohne Blickkontakt aufzunehmen und zu antworten und damit ohne Feedback zu geben. ▶ S reflektieren ihre Erfahrungen.	● Kommunikationsspiel – Teil 1 ● Partnerarbeit (alle S) ● Sitzkreis ● Unterrichtsgespräch
LZ 3: Schüler sollen erfahren, wie wichtig der **Blickkontakt** und das verbale und nonverbale **Feedback** des anderen sind, weil durch diese Techniken des **guten Zuhörens** dem anderen das Gefühl vermittelt wird, verstanden worden zu sein.	▶ **Übung 2** (nach R. Mitschka) – **Kommunikation mit Blickkontakt, mit Kopfnicken und Kurzäußerungen** (wie: hm, ja) **als Antwortverhalten des Interaktions-partners:** ▶ Zwei S setzen sich mit dem Gesicht einander zugewandt vor die Klasse. ▶ Sie dürfen sich jetzt „normal" unterhalten. ▶ S reflektieren ihre Erfahrungen. L unterstützt das Ergebnis visuell durch Plakat (**KV 33**) Hinweis: Hier wird der Fokus gelegt auf das gute Zuhören als Vorstufe des aktiven Zuhörens. Kann das Zeitbudget vergrößert werden, eignen sich differenziertere weitere Übungen (siehe auch Kapitel 6 „Aktives Zuhören") hierzu.	● Kommunikationsspiel – Teil 2 ● Demonstration durch 2 S ● Unterrichtsgespräch ◆ KV 33 – Klassenplakat
LZ 4: Schüler sollen sich durch das Medium Sprech-gesang wichtige kommu-nikative Voraussetzungen vergegenwärtigen.	▶ S wiederholen den Rap „Giraffisch ist der größte Hit", der die wichtigsten Voraussetzungen für ein kommuni-katives Miteinander zusammenfasst. L gibt begleitend visuelle Unterstützung durch das entsprechende Plakat (**KV 26**). ▶ S reflektieren [→ sich anschauen → dem andern zuhören ... → „Zauberwörter" einsetzen]	◆ KV 24 – Rap ◆ KV 26 – Klassenplakat 2 „Gir.-Zauberwörter" ● Sitzkreis

106

Lernziele:	Unterrichtsschritte	◆ Medien / ● Sozialform
LZ 5: Schüler sollen merken, dass Konflikte nicht vermieden werden, sondern bewusst, konstruktiv und friedlich gelöst werden sollen.	L-Impuls: *„Aber, ihr wisst ja, dass überall wo Menschen zusammen sind, es immer mal wieder einen Streit, einen Konflikt gibt. Das ist gar nicht zu vermeiden. Es ist nur die Frage, wie gehen wir damit um. Wir haben die Wahl, aggressiv zu werden, den anderen zu beschuldigen und zu beschimpfen, ihn herabzusetzen usw. – Oder: Wir gehen giraffisch vor.* *Überlegt euch doch schon mal beim nächsten Rollenspiel, wie die beiden Streitenden ihren Konflikt lösen könnten. –* *Und genau das ist das Hauptthema dieser Stunde."*	
	▶ Zwei S erhalten jetzt die Instruktion, sich entsprechend dem vorgegebenen Fallbeispiel **(KV 32a)** zu streiten: Peter und Max machen zusammen eine Radtour. Peter ist das Geradeausfahren zu langweilig. Er fährt deshalb Slalom und immer ganz dicht an Max heran, sodass er ihn beinahe mit dem Lenker berührt. Max bekommt Angst und schimpft: „Du bist wohl bescheuert! Hör auf, Du Idiot!" Aber Peter macht weiter.	● Rollenspiel ◆ KV 32a – Fallbeispiel
LZ 6: Schüler sollen Vermutungen äußern.	▶ S äußern sich zur L-Frage nach Ideen, wie der Streit zum Guten gewendet werden kann. Unterstützung bietet das Plakat.	◆ KV 33 – Klassenplakat – Konfliktlöseverhalten
LZ 7: Schüler sollen erkennen, dass drei einfach zu handhabende Lösungsschritte einen Streit positiv beenden können.	▶ Ein instruiertes Rollenspiel führt die Lösung – mit den drei Schritten einer konstruktiven Konfliktlösestrategie – vor (anhand des Beispiels der **KV 32a**). (Hinweis: Wünschenswert wäre hier das Vorführen einer möglichen Lösung des Beispiels 32a als Rollenspiel durch zwei Lehrer.) **1. Sichtweisen nacheinander tauschen** **2. Lösungen sammeln** **3. Sich gemeinsam für eine Lösung entscheiden** **Hinweis:** Auf weitere Zwischenschritte wird hier bewusst verzichtet. Mit dieser recht einfachen Lösungsstrategie kommen die Schüler im Allgemeinen gut klar. Auch die Lehrkräfte haben mit dieser nicht ganz so zeitauf-wändigen und eingängigen Drei-Schritt-Folge unserer Erfahrung nach gute Erfolge zu verzeichnen. Zudem werden an unserer Schule während der Streitschlichter-ausbildung weitere Zwischenstufen aufgegriffen. (TIPP: Vor dem Besiegeln der Lösungsvereinbarung durch Handschlag, begleitet von dem Spruch „Fair bringt mehr", ist die gegenseitig aufeinander zeigende Geste mit der Formulierung „Ich bin – du bist okay." hilfreich.) Parallel dazu werden die drei Schritte einer verbalen Konfliktlösestrategie auf einem Poster aufgezeigt. ▶ L stellt gezielte Fragen zum Bewusstmachen der drei Lösungsschritte, beispielsweise: *„Welche Schritte sind die beiden Streitenden gegangen, um zu einer beide Seiten zufriedenstellenden Lösung zu kommen?"* ▶ S äußern sich und verweisen auf die entsprechenden Poster.	● Rollenspiel anhand Beispiel **KV 32a** ◆ KV 34a – Klassenplakat – Kommunikationsbären 1 ◆ KV 34b – Klassenplakat – Kommunikationsbären 2 ◆ KV 34c – Klassenplakat – Kommunikationsbären 3

Lernziele:	Unterrichtsschritte	◆ Medien / ● Sozialform
LZ 8: Schüler sollen erkennen, dass die win-win-Lösung zu einem guten Miteinander führt, weil es keinen Verlierer, sondern nur Gewinner gibt.	▶ L-Impuls zur Herausarbeitung einer win-win-Lösung: „*Warum gibt es nur Gewinner und keinen Verlierer bei dieser Konfliktlösestrategie?*" ▶ S reflektieren mit Verweis auf die ausliegenden Kommunikationsbären **(KV 34a–c)**, dass **das Erkennen der Sicht des anderen** und **das gemeinsame Handeln** (gemeinsames Sammeln von Lösungen und gemeinsames Entscheiden für eine Lösung) zum partnerschaftlichen Miteinander führt.	● Unterrichtsgespräch
LZ 9: Schüler sollen diese konstruktive Konfliktlösestrategie übend ausführen und damit eine win-win-Lösung erreichen.	▶ Die S schließen sich zu einer Vierergruppe zusammen und üben den Konfliktlösungsvorgang anhand einer neuen Fallsituation. (Im Wechsel üben 2 S die Konfliktlösung im Rollenspiel und die beiden anderen sind Beobachter und geben Feedback.) Hinweis: L muss hier gut beobachten und ggf. helfen. ▶ S reflektieren ihre Erfahrungen. Hinweis: Ideal wäre die Fortsetzung des Übens dieser Konfliktlösestrategie bei zukünftigen Fällen im Klassenverband unter der Leitung der Klassenlehrerin/des Klassenlehrers.	● Gruppenarbeit (Vierergruppe) ◆ **KV 32b** – Fallbeispiel ● Sitzkreis ● Unterrichtsgespräch
	▶ S erhalten ihre Urkunden.	◆ **KV 35** – Urkunde

108

Kopiervorlage 33: Richtiges Konfliktlöseverhalten (Klassenplakat)

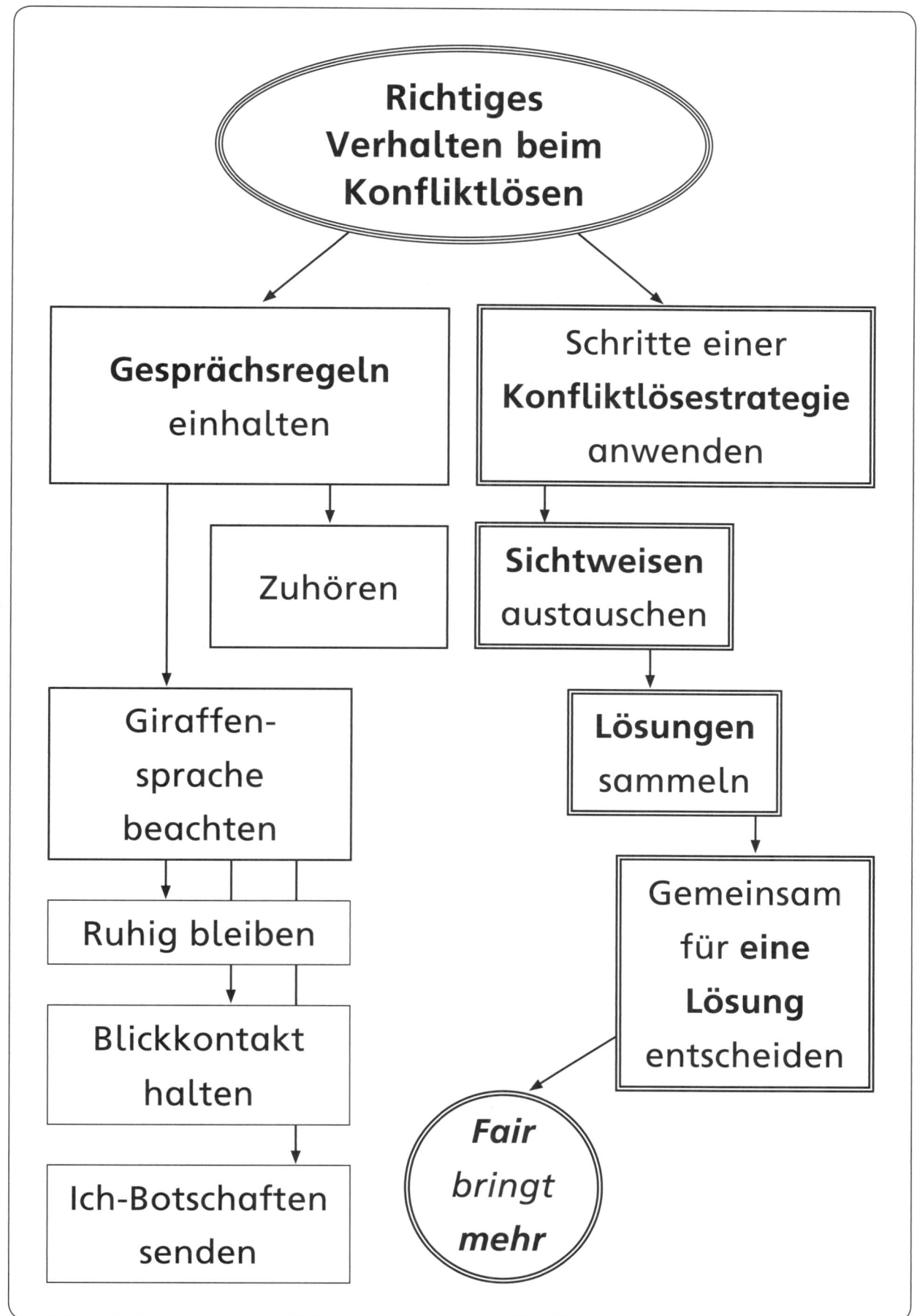

© Bildungshaus Schulbuchverlage Westermann Schroedel Diesterweg Schöningh Winklers GmbH, Braunschweig 2008, ISBN 978-3-14-163039-8

Kopiervorlage 34c: Kommunikationsbären 3 (Klassenplakat)

Urkunde

Du hast mit Erfolg teilgenommen an dem Projekt

Sich selbst behaupten und Konflikte lösen

Du hast erfahren, dass du einem anderen gegenüber stark sein kannst durch den sicheren Stand, die aufrechte Körperhaltung, den ernsten Gesichtsausdruck mit Blickkontakt und durch die feste Stimme.

Du hast Angebote erhalten, deine Wut im Griff zu haben.
Dafür hast du verschiedene „Anti-Wut-Tricks" zur Verfügung:
E-Formel (tief durchatmen ...), F-Formel (mit einem guten Freund,
den Eltern reden), sich jemanden in Unterhosen vorstellen,
in ein Kissen boxen, eine Wutkiste einrichten und vieles mehr.

Du hast die Giraffensprache gelernt, die dir hilft, in Konfliktsituationen die richtigen Worte zu finden, damit es dir und anderen gut geht.
Du kannst dem anderen sagen, was dich stört, ohne ihn zu beleidigen.
Du sagst, was du fühlst. Du sagst deutlich, was du wünschst.

Du hast gelernt, Konflikte gemeinsam mit deinem Streitpartner
mit Worten zu lösen, indem du ruhig bleibst und folgende drei Schritte anwendest:

1. Sichtweisen nacheinander tauschen
2. Lösungen sammeln
3. Sich gemeinsam für eine Lösung entscheiden

Ort: _____ Datum: _____

Unterschrift: _____

Schule: _____

© Bildungshaus Schulbuchverlage Westermann Schroedel Diesterweg Schöningh Winklers GmbH, Braunschweig 2008, ISBN 978-3-14-163039-8

Aufgaben der Lehrkräfte

Aspekte der pädagogischen Grundhaltung einer Lehrkraft

Gegenseitige Akzeptanz fördern

→ Schüler als Personen annehmen.
→ Kontaktmöglichkeiten schaffen zur Herstellung verbindlicher, offener und freundschaftlicher Beziehungen der Schüler untereinander.

Kommunikation

→ Gewaltfreie Sprache anwenden (keine Beleidigungen, auf Tonfall, Gestik, Mimik achten).
→ Gewaltfreien körperlichen Umgang praktizieren.

Clique

→ Den Klassen- bzw. Gruppenzusammenhalt steigern.
→ Die Wirkung einiger Rollen innerhalb der Klasse analysieren.
→ Vorhandene Gruppenzwänge erkennen, in der Klasse ansprechen.

Vernetzung

→ Andere Lebens- und Erfahrungsbereiche öffnen und mit ihnen zusammenarbeiten (z. B.: Projekt „Alt und Jung", Besuch im Altersheim, Spielenachmittage, Zusammenarbeit mit Jugendamt ...).

Auswirkungen eines guten Klassenklimas

- Der Umgangston im Klassenverband ist freundlich.
- Zwischen Schülern und Lehrern besteht eine gute Kommunikation.
- Probleme einzelner Schüler werden beachtet und es wird versucht, Abhilfe zu schaffen.
- Lehrkräfte unterrichten gern in dieser Klasse.
- Schüler haben Erfolgserlebnisse und Freude.
- Schüler regeln vieles selber, sodass die Lehrkräfte weniger dominant eingreifen müssen.

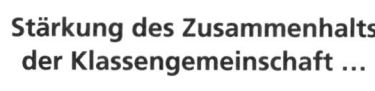

**Stärkung des Zusammenhalts
der Klassengemeinschaft ...**

... durch das
Drei-Elemente-Konzept
nach Hanke*

Konflikte aufarbeiten	Regeln und Rituale einführen	Kommunikation, Kooperation und Vertrauen spielerisch fördern

• Konflikte aufarbeiten:

Aktuelle Konflikte sind zur Abhilfe von Unterrichtsstörungen baldmöglichst zu bearbeiten. Ebenso müssen kontinuierliche Konflikte bewusst und konstruktiv aufgearbeitet werden.

Ziele:
- Alle Beteiligten gehen als Gewinner aus der Situation (win-win-Konfliktlöse-Strategie), um schwelende Konflikte zu vermeiden.
- Die konstruktive Konfliktlöse-Strategie mit ihrem Lerneffekt auf prosoziales Verhalten erzielt eine positive Wirkung über den Klassenverband hinaus.

• Regeln und Rituale einführen:

Regeln für das Zusammenleben innerhalb einer Klasse können von der Schule oder der Lehrkraft vorgegeben werden oder auch von der Klassengemeinschaft selber erstellt werden.

Beispiel für Gesprächsregeln:
- Wir hören uns gegenseitig zu.
- Wir lassen den anderen ausreden.
- Wir sprechen höflich.

Ziele:
Regeln und Rituale, die von den Schülern akzeptiert und angewandt werden, wirken präventiv auf jede Form von Gewalt, weil sie konfliktbelastete Situationen entkrampfen.

Beispiele:
- Eingangsrituale lassen den Schüler entspannt in die neue Situation gelangen.
- Aufmerksamkeitsrituale bringen Ruhe in Unterrichtsphasenwechsel.
- Klassendienste helfen, einen klaren Ordnungsrahmen zu setzen.

Kommunikation, Kooperation und Vertrauen spielerisch fördern:

Kommunikations-, Kooperations- und Vertrauen bildende Spiele und Übungen entfalten insbesondere nach einer Konfliktaufarbeitung große Wirkung, da sie mit positiven Affekten verbunden sind.

Ziele:
- Sprachliche Verständigung und körperliche Kontaktaufnahme geschehen ohne Gewalt.
- Alle Beteiligten sind Gewinner und erzielen für sich etwas Positives.
- Gemeinsam Erlebtes, besonders Spaß und Freude, lassen ein Gemeinschaftsgefühl entstehen.
- Eigene und fremde Grenzen können erfahren werden.
- Ein bisher fremder kultureller Hintergrund kann besser kennen gelernt werden.
- Feedback-Verhalten mit konstruktiver Kritik lassen sich spielerisch üben.

* Das Drei-Elemente-Konzept: Nach Ottmar Hanke (vgl. „Die Kraft der Klasse stärken"; Zeitschrift Grundschule, Heft 06/05)

Konflikte aufarbeiten

Möglicher Ablauf einer Streitschlichtung im Klassenverband:

1. Darstellung des Streits

A und B erzählen nacheinander den Streit.

2. Austauschen der Standpunkte

A und B wiederholen den Streit aus Sicht des anderen (paraphrasieren.)

3. Suchen von Lösungsmöglichkeiten

A und B machen nacheinander Lösungsvorschläge.
(Dazu kann die Klasse auch Lösungen vorschlagen.)

4. Einigen auf eine Lösung

A und B einigen sich.

© Bildungshaus Schulbuchverlage Westermann Schroedel Diesterweg Schöningh Winklers GmbH, Braunschweig 2008, ISBN 978-3-14-163039-8

westermann

Unterrichtsbegleitende Spiele

Mit der Intention der Entwicklung und
Förderung von
- Wahrnehmung
- Konzentration
- Entspannung
- Kooperation

Einsetzbar:
- im Sportunterricht;
- zur Rhythmisierung des Unterrichts;
- in Verbindung mit der Förderung fachübergreifender Kompetenzen;
- für den Klassenraum / Flur / Schulhof ohne großen Materialaufwand.

Bewegungsaufgaben / Spiele	Teilnehmer	Förderschwerpunkte
▶ **Erstarren** Kinder laufen / gehen im Raum umher. Lehrer erzeugt mit dem Tamburin / Klangstäben kontinuierliche Töne. Kinder laufen so lange, wie sie die Töne vernehmen, und „erstarren" danach.		• auditive Wahrnehmung • vestibuläre Wahrnehmung • kinästhetische Wahrnehmung • Gesamtkörper-Koordination
▶ **Klickerei** Kinder sitzen am Tisch und „schlafen" / liegen bäuchlings auf dem Boden mit geschlossenen Augen. Lehrer wirft Tischtennisbälle auf den Boden. Kinder heben die Hand, wenn für sie das Geräusch beendet ist.		• sich entspannen • auditive Wahrnehmung • Raum-Lage-Orientierung
▶ **Gegenstände stehlen** Die eine Hälfte der Kinder sitzt „schlafend" (mit geschlossenen Augen) auf ihren Stühlen – die Hände liegen auf dem Tisch. Vor ihnen sind in Handnähe „Schätze" verteilt. Die andere Gruppe schleicht nach dem lautlosen Signal des Lehrers durch den Raum und will als Diebe die Schätze stehlen. Die Schlafenden dürfen dieses mit einem Klaps auf die Hände des Diebes verhindern.		• Kontakt aufnehmen; kooperieren • sich einfühlen • auditive Wahrnehmung • taktile Wahrnehmung • kinästhetische Wahrnehmung
▶ **Klatschdomino** Kinder sitzen im Stirnkreis. Ein Kind klatscht in die Hände, danach ist der rechte / linke Nachbar dran, dasselbe mit geschlossenen Augen auszuführen. Anschließend darf dieser einen neuen Klatschrhythmus vorgeben …		• Kontakt aufnehmen; kooperieren • auditive Wahrnehmung
▶ **Wo bist du, Partner?** Vorab werden zur Paarbildung jeweils zwei Aufgabenkärtchen gleichen Inhalts (akustische Signale) erstellt, wie z.B. klatsche zwei- / dreimal; summe den Liedanfang von …; sage: „Hallo mein Freund" … Zu Beginn zieht jedes Kind ein Aufgabenkärtchen, dessen Inhalt den anderen geheim bleibt. Alle Kinder gehen im Raum umher, ohne sich zu berühren, und stoppen auf ein Zeichen. Sie schließen die Augen. Durch Zuruf / durch das nur den beiden bekannte akustische Signal sollen sie sich finden.		• Kontakt aufnehmen; kooperieren • kinästhetische Wahrnehmung • auditive Wahrnehmung
▶ **Seilformen** Jede Partnergruppe erhält zwei Seile und läuft bis zum Musikstopp damit im Raum umher. Nachdem der Lehrer eine Formenkarte hoch gezeigt hat, legen A und B sofort diese Form nach.		• Kontakt aufnehmen; kooperieren • auditive Wahrnehmung • visuelle Wahrnehmung • Raum-Lage-Orientierung

▶ **Roboter** B tippt A an diverse Körperteile, die eine Bewegungsrichtung vorgeben: linke Schulter – links, rechte Schulter – rechts, Kopf – Stopp, Rücken – rückwärts, Brust – rückwärts.	☺ ☺	• Kontakt aufnehmen; kooperieren. • sich einfühlen • kinästhetische Wahrnehmung • Raum-Lage-Orientierung
▶ **Mumie spiegeln** Mit geschlossenen Augen ertasten die Kinder die Lage eines unter einer Decke Liegenden und ahmen diese Lage nach.	☺☺ ☺☺ ☺	• Kontakt aufnehmen; kooperieren • kinästhetische Wahrnehmung • Körperschema erfassen • Raum-Lage-Orientierung
▶ **Biegepuppe** A stellt sich vor B. B soll nun A an verschiedenen Körperteilen „verbiegen", sodass dieser immer schwerer das Gleichgewicht halten kann. A soll nicht umfallen.	☺ ☺	• Kontakt aufnehmen; kooperieren • taktile Wahrnehmung • kinästhetische Wahrnehmung • Körper-Koordination
▶ **Wie ein Baum im Wind** In dieser Imaginationsaufgabe sollen sich die Kinder selbst als stabilen Baum vorstellen. Sie stellen sich mit geschlossenen Beinen aufrecht hin, die Füße fest auf der Erde. Dann nehmen sie beim Einatmen die Arme (Äste) hoch über den Kopf und verhaken die Daumen miteinander, sodass die Handflächen nach vorn zeigen und der ganze Körper gestreckt ist. Die Kinder lassen den Atem in dieser Haltung etwas fließen. Dann schwingen sie beim Einatmen mit Armen und Oberkörper gleichzeitig etwas nach links und beim Ausatmen wieder zur Mitte; danach dasselbe beim Einatmen nach rechts und beim Ausatmen wieder zur Mitte zurück. Die Füße bleiben auf den „Boden gedrückt". Der seitliche Schwingungsgrad kann beeinflusst werden durch Ansagen wie: „Jetzt pustet der Wind etwas stärker/schwächer."	☺☺ ☺☺ ☺	• sich entspannen • Körperschema • kinästhetische Wahrnehmung • vestibuläre Wahrnehmung • Gesamtkörper-Koordination
▶ **Muntermacher** Massage der Stirn-Ohren-Linie: Die Kinder legen dazu die Mittelfingerkuppen beider Hände in die Mitte der Stirn und kreisen von dort aus behutsam mit ihren Fingern weiter nach außen, über die Schläfen bis hinunter zum Ohrenansatz.	☺	• sich entspannen • taktile Wahrnehmung • kinästhetische Wahrnehmung
▶ **Dunkelkammer** Die Kinder reiben sich zuerst die Hände warm und führen danach ihre Hände zusammen „wie eine Schale, durch die kein Wasser wegfließen soll". Dann legen sie die Hände so vor die offenen Augen und achten darauf, dass die Augen nicht gedrückt werden und dass kein Licht durchdringt. Nun sollen die Kinder versuchen, sich farbige Dinge (L kann diese auch vorgeben) vorzustellen.	☺	• sich entspannen • imaginieren • taktile Wahrnehmung
▶ **Kerzenflamme** Die Kinder sollen tief (nicht zu tief!) Luft holen, ganz langsam ausatmen und sich vorstellen, dass sie dabei die Flamme einer Kerze in eine gleichförmige Schräglage bringen.	☺	• sich entspannen • imaginieren • kinästhetische Wahrnehmung
▶ **Zwillingsmaler** Zwei Kinder sollen mit einem Stift zusammen ein Bild (an-)malen und dabei nicht sprechen.	☺ ☺	• Kontakt aufnehmen; kooperieren • kinästhetische Wahrnehmung

118

Literaturverzeichnis

Becker, E.G. (1997). Lehrer lösen Konflikte. Ein Studien- und Übungsbuch. Weinheim und Basel: Beltz

Besemer, Chr. (2000). Mediation – Vermittlung in Konflikten. Werkstatt für gewaltfreie Aktion. Baden. Heidelberg

Bundeszentrale für gesundheitliche Aufklärung (2002). Achtsamkeit und Anerkennung. Materialien zur Förderung des Sozialverhaltens in der Grundschule. Köln

Bründel, H. & Hurrelmann, K. (1994). Gewalt macht Schule: Wie gehen wir mit aggressiven Kindern um? München: Droemer Knaur

Cierpka, M. (Hrsg.). (2001). FAUSTLOS. Ein Curriculum zur Prävention von aggressivem und gewaltbereitem Verhalten bei Kindern der Klassen 1 bis 3. Göttingen: Hogrefe

De Bono, E. (1987). Konflikte. Neue Lösungsmodelle und Strategien. Düsseldorf: Econ

Faller, K. (1998). Mediation in der pädagogischen Arbeit. Ein Handbuch für Kindergarten, Schule und Jugendarbeit. Mülheim an der Ruhr: Verlag an der Ruhr

Gasteiger-Klicpera, B. & Klein, G. (2006). Das Friedenstifter-Training. Grundschulprogramm zur Gewaltprävention. München: Reinhardt

Goleman, D. (2002). Emotionale Intelligenz. München: dtv

Gordon, T. (1999). Lehrer-Schüler-Konferenz. Wie man Konflikte in der Schule löst. München: Heyne

Grinder, M. (2007). NLP für Lehrer. Freiburg: Verlag für Angewandte Kinesiologie

Hagedorn, O. (2000). Konfliktlotsen: Lehrer und Schüler lernen die Vermittlung im Konflikt. Leipzig: Klett

Hanke, O. (2005). Die Kraft der Klasse stärken. Zeitschrift Grundschule Heft 06/05

Hanke, O. (2003). Gewalt in der Peer-Group von Jungen. Konzeptioneller Zugang – pädagogische Folgerungen. Herbolzheim: Centaurus

Hentig, H. v. (2006). Die Schule neu denken. Weinheim: Beltz

Jefferys-Duden, K./Noack, U. (2001). Streiten – Vermitteln – Lösen. Das Schüler-Streit-Schlichter-Programm. Lichtenau: AOL

Jefferys, K. (1998). Ein Streitschlichterprogramm für Schülerinnen und Schüler der Grundschule und Erprobungsstufe. Soest: Landesinstitut für Schule und Weiterbildung

Kleiter, E. F. (2003). Konflikt und Versöhnung. Über den empirischen Zusammenhang von Konflikt und Versöhnungsbereitschaft bei Kindern, Jugendlichen und Erwachsenen. Lengerich/Berlin/Bremen/Miami/Riga/Viernheim/Wien/Zagreb: PABST Science Publishers

Klippert, H. (2006). Kommunikationstraining: Übungsbausteine für den Unterricht. Weinheim, Basel: Beltz

Luther, M. & Maaß, E. (1994). NLP Spiele-Spektrum: Basisarbeit. Übungen – Spiele – Phantasiereisen. Paderborn: Junfermann

Miller, R. (1999). Du Dumme Sau. Von der Beschimpfung zum fairen Gespräch. Lichtenau: AOL

Mitschka, R. (1999). Die Klasse als Team. Linz: Veritas

Olweus, D. (2002). Gewalt in der Schule. Was Lehrer und Eltern wissen sollten – und tun können. Bern: Huber

Oswald, H. (1999). Jenseits der Grenze zur Gewalt: Sanktionen und rauhe Spiele. In M. Schäfer & D. Frey (Hrsg.), Aggression und Gewalt unter Kindern und Jugendlichen. Göttingen, Bern Toronto, Seattle: Hogrefe

Petermann, F. u. a. (1999). Sozialtraining in der Schule. Weinheim: Beltz

Portmann, R. (2002).Spiele zum Umgang mit Aggression. München: Don-Bosco

Portmann, R. (2001).Spiele, die stark machen. München: Don-Bosco

Rosenberg, M. (2007). Gewaltfreie Kommunikation: Aufrichtig und einfühlsam miteinander sprechen. Paderborn: Junfermann

Schulz von Thun, F. (1998). Miteinander reden. 3 Bd. Reinbeck: Rowohlt

Smith, Charles A. (2005). Hauen ist doof. 162 Spiele gegen Aggression in Kindergruppen. Mülheim: Verlag an der Ruhr

Sommerfeld, V. (1996). Umgang mit Aggressionen: Ein Arbeitsbuch für Erzieherinnen, Lehrer und Eltern. Neuwied, Kriftel, Berlin: Luchterhand

Valtin, R. (2000). Streiten und Sich-vertragen. Eine Untersuchung zur Entwicklung sozialer Begriffe bei Kindern. In: Grundschule, Teil 2, Weinheim: Beltz

Vester, F. (2007). Denken, Lernen, Vergessen. München: dtv

Vester, F. (1996). Aufmerksamkeitstraining im Unterricht. Wiesbaden: Quelle und Meyer

Walker, J. (2005). Gewaltfreier Umgang mit
Konflikten in der Grundschule. Berlin: Cornelson
Scriptor

Watzlawick, P. u. a. (1982). Menschliche
Kommunikation. Formen, Störungen,
Paradoxien. Bern: Huber